DESENVOLVIMENTO DE SOFTWARE E METODOLOGIAS ÁGEIS

LUIZ RICARDO MANTOVANI DA SILVA

DESENVOLVIMENTO DE SOFTWARE E METODOLOGIAS ÁGEIS

Freitas Bastos Editora

Copyright © 2024 by Luiz Ricardo Mantovani da Silva

Todos os direitos reservados e protegidos pela Lei 9.610, de 19.2.1998. É proibida a reprodução total ou parcial, por quaisquer meios, bem como a produção de apostilas, sem autorização prévia, por escrito, da Editora.

Direitos exclusivos da edição e distribuição em língua portuguesa:
Maria Augusta Delgado Livraria, Distribuidora e Editora

Direção Editorial: Isaac D. Abulafia
Gerência Editorial: Marisol Soto
Copidesque e revisão: Doralice Daiana da Silva
Diagramação e Capa: Madalena Araújo

Dados Internacionais de Catalogação na Publicação (CIP) de acordo com ISBD

S586d	Silva, Luiz Ricardo Mantovani da
	Desenvolvimento de Software e Metodologias Ágeis / Luiz Ricardo Mantovani da Silva. Rio de Janeiro, RJ : Freitas Bastos, 2024.
	216 p. : 15,5cm x 23cm.
	ISBN: 978-65-5675-439-0
	1. Computação. 2. Programas de computador. 3. Desenvolvimento de Software. 4. Metodologias Ágeis. I. Título.
2024-3332	CDD 005.3
	CDU 004.42

Elaborado por Odilio Hilario Moreira Junior - CRB-8/9949

Índice para catálogo sistemático:
1. Computação : Programas de computador 005.3
2. Computação : Programas de computador 004.42

Freitas Bastos Editora
atendimento@freitasbastos.com
www.freitasbastos.com

SOBRE O AUTOR

Luiz Ricardo Mantovani da Silva tem uma carreira multifacetada que abrange Direito, Tecnologia em Desenvolvimento de Sistemas e Engenharia Civil. Além de uma sólida experiência como professor universitário e autor, ele mergulha na complexa relação entre ciência, tecnologia e sociedade. Este livro reflete não apenas o seu conhecimento acadêmico, mas também uma perspectiva prática sobre como esses campos se entrelaçam, afetando nossa vida diária, ética e futuro coletivo. *Desenvolvimento de Software e Metodologias Ágeis* não é apenas uma leitura obrigatória para estudantes e profissionais dessas áreas, mas para todos que desejam compreender os processos de inovação que impulsionam a sociedade. Luiz Ricardo também é autor dos livros *Circuitos Digitais – Fundamentos, Aplicações e Inovações* e *Organização e Arquitetura de Computadores: Uma Jornada do Fundamental ao Inovador*, lançados pela editora Freitas Bastos.

SUMÁRIO

1. INTRODUÇÃO AO DESENVOLVIMENTO DE SOFTWARE 9

    1.1   História do Desenvolvimento de *Software* 9
    1.2   Visão Geral do Campo Atual 10
    1.3   Importância do Desenvolvimento de *Software* na Era Digital 11
          Lista de Exercícios do Capítulo 1 12

2. FUNDAMENTOS DAS METODOLOGIAS ÁGEIS 19

    2.1   Origens e evolução das metodologias ágeis 19
    2.2   Princípios do Manifesto Ágil Detalhado 20
    2.3   Comparação entre metodologias ágeis e tradicionais 24
          Lista de Exercícios do Capítulo 2 28

3. SCRUM: UMA ABORDAGEM ÁGIL 35

    3.1   Transparência, Inspeção e Adaptação: Os Pilares do Scrum 35
    3.2   Papéis, Eventos e Artefatos do Scrum 37
    3.3   Implementando Scrum na Prática 41
          Lista de Exercícios do Capítulo 3 44

4. *EXTREME PROGRAMMING* (XP) 51

    4.1   Princípios e Práticas do XP 52
    4.2   XP no Ciclo de Vida do Desenvolvimento 54
    4.3   Benefícios e Desafios do XP 56
          Lista de Exercícios do Capítulo 4 58

5. LEAN, KANBAN E CRYSTAL **67**

- 5.1 Origens do *Lean* e Kanban 67
- 5.2 Kanban no Desenvolvimento de *Software* *68*
- 5.3 Estratégias para Otimização de Fluxo de Trabalho 71
- 5.4 Introdução ao Crystal e sua Adaptação a Diferentes Projetos 73
- Lista de Exercícios do Capítulo 5 75

6. DEVOPS, ÁGIL E *AGILE UNIFIED PROCESS* (AUP) **83**

- 6.1 Introdução ao DevOps 83
- 6.2 Integrando DevOps com Práticas Ágeis 86
- 6.3 Ferramentas e Técnicas Comuns 88
- 6.4 Entendendo e Aplicando o *Agile Unified Process* *91*
- Lista de Exercícios do Capítulo 6 93

7. GESTÃO DE PROJETOS ÁGEIS: FDD E DSDM **101**

- 7.1 Planejamento e Estimativas em Projetos Ágeis 101
- 7.2 Monitoramento e Controle de Progresso 101
- 7.3 Comunicação e Colaboração em Equipes Ágeis 103
- 7.4 *Feature-Driven Development* (FDD) e suas Práticas 105
- 7.5 Dynamic Systems *Development* Method (DSDM) e Gestão Ágil ..108
- Lista de Exercícios do Capítulo 7 110

8. *DESIGN THINKING* E ÁGIL **117**

- 8.1 Fundamentos do *Design Thinking* *117*
- 8.2 Integrando *Design Thinking* com Metodologias Ágeis 119
- 8.3 Estudos de Caso e Aplicações Práticas 121
- Lista de Exercícios do Capítulo 8 123

9. TESTES E QUALIDADE EM AMBIENTES ÁGEIS: FOCO EM TDD 131

9.1 Testes Ágeis: Estratégias e Práticas.................................131
9.2 Garantindo a Qualidade em Ciclos de Desenvolvimento Rápidos 134
9.3 Automação de Testes e Integração Contínua................136
9.4 Test-Driven *Development* (TDD) e sua Implementação 138
Lista de Exercícios do Capítulo 9..139

10. TRANSFORMAÇÃO ÁGIL NAS ORGANIZAÇÕES 147

10.1 Desafios da Adoção de Metodologias Ágeis..................148
10.2 Cultura Organizacional e Mudança 151
10.3 Estudos de Caso de Transformação Ágil 153
Lista de Exercícios do Capítulo 10......................................156

11. TENDÊNCIAS FUTURAS EM DESENVOLVIMENTO ÁGIL..........................163

11.1 Inovações Tecnológicas e seu Impacto 163
11.2 Ágil em Escala 167
11.3 O Futuro do Desenvolvimento de *Software* Ágil 169
Lista de Exercícios do Capítulo 11......................................172

12. RESUMO DOS PONTOS-CHAVE 181

12.1 Reflexões Finais 181
12.2 Direções Futuras para Pesquisa e Prática......................182

GABARITO DAS QUESTÕES 183

REFERÊNCIAS 212

1. INTRODUÇÃO AO DESENVOLVIMENTO DE *SOFTWARE*

1.1 HISTÓRIA DO DESENVOLVIMENTO DE *SOFTWARE*

O desenvolvimento de *software* começou nas décadas de 1940 e 1950, com a criação dos primeiros computadores eletrônicos. Inicialmente, programá-los era uma tarefa que envolvia a manipulação física de sua configuração ou a preparação de cartões perfurados. À medida que a tecnologia evoluiu, foram criadas linguagens de programação de alto nível, como Fortran (1957) e Cobol (1959), facilitando a expressão de algoritmos de uma forma que fosse mais fácil para os humanos entenderem e escreverem.

Nas décadas seguintes, o desenvolvimento de *software* se expandiu rapidamente, acompanhando o avanço da tecnologia de computadores e a crescente demanda por aplicações em diferentes setores da sociedade. A transição para práticas de desenvolvimento mais estruturadas foi marcada pela crise do *software* nos anos 1960 e 1970, em que projetos falhavam frequentemente devido à complexidade crescente dos sistemas e à falta de metodologias adequadas para gerenciar essa complexidade.

Esse período desafiador levou ao surgimento de metodologias de desenvolvimento de *software*, como o modelo em cascata, na tentativa de padronizar e melhorar a produção de *software*. No entanto, as limitações dessas metodologias tradicionais, especialmente em termos de flexibilidade e capacidade de adaptação às mudanças rápidas, eventualmente conduziram ao desenvolvimento de abordagens ágeis no final dos anos 1990 e início dos anos 2000.

1.2 VISÃO GERAL DO CAMPO ATUAL

Hoje, o desenvolvimento de *software* é um campo vasto e dinâmico, caracterizado por uma constante inovação tecnológica e uma ampla gama de aplicações em praticamente todos os setores da economia e da vida social. A adoção de metodologias ágeis, como Scrum e XP (*Extreme Programming*), reflete uma mudança fundamental na forma como o *software* é desenvolvido, enfatizando a flexibilidade, a colaboração entre as equipes e a entrega contínua de valor para os clientes.

Figura 1.1: Profissionais de TI Trabalhando

Fonte: Gerado via DALL.E, 2024.

O campo também tem visto o crescimento de práticas como DevOps, que busca integrar o desenvolvimento de *software* (Dev) com as operações de TI (Ops), para acelerar a entrega de programas e melhorar a qualidade por meio da automação e da colaboração contínua.

1.3 IMPORTÂNCIA DO DESENVOLVIMENTO DE *SOFTWARE* NA ERA DIGITAL

Na era digital, o desenvolvimento de *software* assume um papel central, impulsionando inovações e possibilitando novas formas de comunicação, negócios, entretenimento e gestão de nossas vidas diárias. *Software* não é apenas um produto ou um conjunto de instruções; é o motor da transformação digital, permitindo que organizações de todos os tamanhos remodelem seus processos, produtos e modelos de negócios para atender às demandas de um mundo cada vez mais conectado e dependente de tecnologia.

A capacidade de desenvolver *software*s de maneira eficaz e eficiente é agora uma competência-chave para empresas e países que desejam manter sua competitividade e inovar. Além disso, esse desenvolvimento tem um papel importante na solução de problemas complexos da sociedade, desde a mudança climática até a saúde global, oferecendo ferramentas e plataformas que podem levar a melhorias significativas em muitas áreas da vida humana.

Essa introdução ao desenvolvimento de *software* destaca não apenas sua evolução histórica e estado atual, mas também a importância crítica que o *software* desempenha em nossa sociedade contemporânea. À medida que avançamos, é essencial que continuemos a explorar e adotar práticas de desenvolvimento que nos permitam responder eficazmente aos desafios e oportunidades da era digital.

LISTA DE EXERCÍCIOS DO CAPÍTULO 1

Exercícios Dissertativos

1. Descreva o impacto das primeiras linguagens de programação, como Fortran e Cobol, no desenvolvimento de *software*.
2. Explique o que foi a crise do *software* nos anos 1960 e 1970.
3. Discuta como a introdução de metodologias ágeis alterou o desenvolvimento de *software*.
4. O que é DevOps e como ele contribui para o desenvolvimento de *software*?
5. Explique a importância do desenvolvimento de *software* na era digital.
6. Identifique três principais desafios enfrentados pelos desenvolvedores de *software* na década de 1950.
7. Como as práticas de desenvolvimento de *software* mudaram desde a criação dos primeiros computadores?
8. O que caracteriza o modelo em cascata e quais são suas limitações?
9. Descreva como o manifesto ágil influenciou o desenvolvimento de *software*.
10. O que é mais valorizado em metodologias ágeis: documentação abrangente ou *software* em funcionamento?
11. Explique a diferença entre colaboração com o cliente e negociação de contratos em metodologias ágeis.

12. Como o DevOps integra desenvolvimento e operações de TI?
13. Qual é o papel da automação no desenvolvimento de *software* moderno?
14. Discuta a evolução dos sistemas de controle de versão no desenvolvimento de *software*.
15. O que são e como funcionam as metodologias ágeis Scrum e XP?
16. Qual a importância de responder às mudanças em vez de apenas seguir um plano?
17. Explique o conceito de *software* como um serviço na era digital.
18. Como a *cloud computing* transformou o desenvolvimento de *software*?
19. Qual o impacto das redes sociais no desenvolvimento de aplicações web?
20. Como a inteligência artificial está influenciando o desenvolvimento de *software*?

Questões de Múltipla Escolha

1. Qual das seguintes linguagens de programação foi uma das primeiras a ser desenvolvida?
    a. Python
    b. Java
    c. Fortran
    d. C++

2. O que caracterizou a "crise do *software*" nos anos 1960 e 1970?
   a. A rápida evolução do hardware
   b. Projetos falhando devido à complexidade e falta de metodologias adequadas
   c. A invenção da Internet
   d. O surgimento de vírus de computador

3. Qual das alternativas seguintes não é um valor conforme estabelecido pelo Manifesto Ágil?
   a. *Software* em funcionamento mais que documentação abrangente
   b. Processos e ferramentas mais que indivíduos e interações
   c. Colaboração com o cliente mais que negociação de contratos
   d. Responder às mudanças mais que seguir um plano

4. DevOps foca principalmente em:
   a. Desenvolvimento de jogos
   b. Integração entre desenvolvimento e operações de TI
   c. *Design* de interface do usuário
   d. Marketing digital

5. O modelo em cascata é criticado por sua:
   a. Flexibilidade
   b. Abordagem iterativa
   c. Falta de flexibilidade
   d. Enfoque em testes

6. Qual dos seguintes é uma prática do *Extreme Programming* (XP)?
   a. Desenvolvimento orientado a testes
   b. Uso de diagramas UML
   c. Priorização de documentação
   d. Modelagem em cascata

7. Scrum é melhor descrito como:
   a. Uma linguagem de programação
   b. Um banco de dados NoSQL
   c. Uma metodologia ágil de desenvolvimento de *software*
   d. Um sistema operacional

8. Qual das alternativas seguintes não é um benefício do DevOps?
   a. Aumento do tempo de colocação no mercado
   b. Melhoria na qualidade do *software*
   c. Maior satisfação do cliente
   d. Melhoria na colaboração entre equipes

9. *Cloud computing* influenciou o desenvolvimento de *software* ao:
   a. Reduzir a necessidade de testes
   b. Limitar o acesso aos recursos computacionais
   c. Facilitar o acesso aos recursos computacionais escaláveis
   d. Aumentar a complexidade do *software*

10. A inteligência artificial está influenciando o desenvolvimento de *software* por:
    a. Diminuir a demanda por aplicativos móveis
    b. Automatizar tarefas de desenvolvimento
    c. Reduzir a importância do *feedback* do usuário
    d. Encorajar o uso exclusivo de linguagens de programação antigas

11. O manifesto ágil foi criado em:
    a. 1991
    b. 2001
    c. 1981
    d. 2011

12. Uma característica fundamental das metodologias ágeis é:
    a. Planejamento detalhado a longo prazo
    b. Documentação extensiva
    c. Flexibilidade e adaptabilidade
    d. Processos rigorosos e imutáveis

13. Qual dos seguintes princípios é menos associado ao DevOps?
    a. Automação de processos
    b. Colaboração contínua entre equipe de desenvolvimento e operações
    c. Uso intensivo de documentação formal
    d. Entrega contínua

14. O que é mais enfatizado em um ambiente de desenvolvimento ágil?
    a. Seguir um plano estabelecido sem desvios
    b. Adaptação às mudanças ao longo do projeto
    c. Completação de todas as fases do projeto antes de iniciar a codificação
    d. Foco exclusivo no desenvolvimento de *software* sem envolvimento do cliente

15. Qual é a função principal do Scrum Master?
    a. Definir os requisitos do produto
    b. Programar o *software*
    c. Facilitar os processos Scrum e remover impedimentos
    d. Gerenciar diretamente a equipe de desenvolvimento

16. *Extreme Programming* (XP) enfatiza:
    a. Desenvolvimento isolado
    b. Extensa documentação de requisitos antes do início do projeto
    c. Desenvolvimento iterativo e *feedback* contínuo
    d. Planejamento a longo prazo sem alterações

17. A metodologia ágil Scrum divide o processo de desenvolvimento em ciclos chamados:
    a. *Sprints*
    b. Iterações
    c. Fases
    d. Marcos

18. Qual prática NÃO é típica do *Extreme Programming* (XP)?
   a. Programação em pares
   b. Reuniões diárias de *stand-up*
   c. Priorização do escopo sobre o cronograma
   d. Desenvolvimento baseado em componentes

19. No contexto das metodologias ágeis, o que é um *Product Owner*?
   a. A pessoa que escreve o código do produto
   b. O principal usuário do sistema sendo desenvolvido
   c. A pessoa responsável por manter o *backlog* do produto e maximizar o valor
   d. A pessoa que testa o produto

20. DevOps visa melhorar a colaboração e comunicação entre quais equipes?
   a. Marketing e Vendas
   b. Desenvolvimento e Operações de TI
   c. Recursos Humanos e Finanças
   d. Suporte ao Cliente e Desenvolvimento de Produto

2. FUNDAMENTOS DAS METODOLOGIAS ÁGEIS

2.1 ORIGENS E EVOLUÇÃO DAS METODOLOGIAS ÁGEIS

As metodologias ágeis surgiram como uma resposta às limitações percebidas nos modelos tradicionais de desenvolvimento de *software*, como o modelo em cascata. Insatisfeitos com os processos lentos, burocráticos e inflexíveis que caracterizavam o desenvolvimento de *software* nas décadas de 1980 e 1990, um grupo de dezessete profissionais de *software* reuniu-se em 2001 em Snowbird, Utah, para discutir alternativas.

Figura 2.1: Profissionais de TI reunidos

Fonte: Gerado via DALL.E, 2024.

Deste encontro, surgiu o Manifesto Ágil, que propõe valores e princípios para um desenvolvimento de *software* mais adaptável e orientado às pessoas (Beck *et al.*, 2001).

2.2 PRINCÍPIOS DO MANIFESTO ÁGIL DETALHADO

O Manifesto Ágil, publicado em 2001, revolucionou o desenvolvimento de *software* ao propor uma nova filosofia centrada em valores e princípios que enfatizam a flexibilidade, a colaboração e a eficiência. Esse manifesto é composto por quatro valores fundamentais que guiam as práticas de desenvolvimento ágil:

1. **Indivíduos e interações são mais do que processos e ferramentas**: esse valor destaca a importância das pessoas no processo de desenvolvimento de *software*. Em vez de se apoiar excessivamente em processos rígidos ou ferramentas específicas, o desenvolvimento ágil valoriza a comunicação e a colaboração entre os membros da equipe e com os clientes.

Figura 2.2: Aperto de mão representando colaboração

Fonte: Gerado via DALL.E, 2024.

O objetivo é criar um ambiente em que as equipes possam responder de forma adaptável às mudanças.

2. **Software em funcionamento mais que documentação abrangente**: embora a documentação seja importante, o foco principal deve ser a entrega de *software* funcional.

Figura 2.3: *Software* em Funcionamento

Fonte: Gerada via DALL.E, 2024.

Esse valor enfatiza a importância de fornecer resultados tangíveis e úteis aos clientes em intervalos regulares, em vez de gastar um tempo desproporcional em documentação detalhada que pode se tornar rapidamente obsoleta em um ambiente em constante mudança.

3. **Colaboração com o cliente é mais do que uma negociação de contratos**: o trabalho contínuo com ele é visto como fundamental para o sucesso de um projeto. Esse valor encoraja as equipes a trabalharem de perto com os clientes para entender seus objetivos e necessidades, adaptando-se às mudanças e ajustando o produto conforme necessário.

Figura 2.4: Programador e cliente conversando

Fonte: Gerado via DALL.E, 2024.

Isso contrasta com a abordagem tradicional de fixar requisitos por meio de contratos rígidos antes que qualquer trabalho comece.

4. **Responder às mudanças mais que seguir um plano**: em um ambiente de desenvolvimento ágil, reconhece-se que as necessidades e requisitos podem mudar ao longo do tempo. Esse valor promove a ideia de que as equipes devem estar preparadas para se adaptarem às mudanças, mesmo que isso signifique desviar-se de planos estabelecidos anteriormente.

Figura 2.5: Profissional com capacidade de se adaptar

Fonte: Gerado via DALL.E, 2024.

A flexibilidade e a capacidade de resposta são consideradas mais valiosas do que a aderência rígida a um plano.

Além desses quatro valores fundamentais, o Manifesto Ágil é apoiado por doze princípios que orientam a implementação desses valores na prática. Esses princípios incluem, entre outros:

- **Satisfação do cliente por meio da entrega contínua de *software* valioso**: colocar as necessidades do cliente em primeiro lugar, entregando um *software* que atenda ou exceda suas expectativas de forma contínua;
- **Acomodação de mudanças de requisitos**: ser flexível e aberto às mudanças nos requisitos, mesmo em estágios avançados do desenvolvimento, para maximizar o valor para o cliente;
- **Entrega frequente de *software* funcionando**: priorizar ciclos curtos de desenvolvimento que permitem a entrega rápida de versões do *software*, proporcionando *feedback* regular e oportunidades de ajuste;
- **Colaboração e comunicação eficaz dentro da equipe**: promover um ambiente de trabalho em equipe em que a comunicação aberta e a colaboração são fundamentais para resolver problemas e inovar.

Esses valores e princípios formam a base das metodologias ágeis e são essenciais para entender como elas diferem das abordagens tradicionais de desenvolvimento de *software*. Eles enfatizam a importância de adaptabilidade, colaboração e foco no cliente, visando a entrega rápida e eficiente de *software* de alta qualidade.

2.3 COMPARAÇÃO ENTRE METODOLOGIAS ÁGEIS E TRADICIONAIS

As metodologias ágeis diferem significativamente das abordagens tradicionais de desenvolvimento de *software*. Enquanto as metodologias tradicionais, como o modelo em cascata, enfatizam a sequência linear de fases de desenvolvimento e uma abordagem rigorosa de planejamento e documentação, as metodologias ágeis focam na adaptabilidade e na entrega contínua de valor.

Figura 2.6: A rapidez do plano Ágil em contraste com os métodos convencionais

Fonte: Gerado via DALL.E, 2024.

O quadro abaixo destaca algumas das principais diferenças:

Quadro 2.1 – Comparação entre Metodologias Ágeis e Tradicionais

Aspecto	Metodologias Ágeis	Metodologias Tradicionais
Foco	Entrega contínua de *software* funcional	Finalização de cada fase do projeto antes de prosseguir
Flexibilidade	Alta, com adaptação às mudanças	Baixa, com mudanças sendo difíceis de incorporar
Planejamento	Iterativo e incremental	Detalhado e fixo no início do projeto
Envolvimento do Cliente	Contínuo e próximo	Limitado a etapas iniciais e finais
Entrega	Frequentes e iterativas	Única, no final do projeto

Fonte: Elaborado pelo autor.

Flexibilidade e Adaptabilidade

As metodologias ágeis são projetadas para serem flexíveis e adaptáveis. Diferentemente das abordagens tradicionais, que tendem a ser rígidas e resistentes às mudanças, as metodologias ágeis permitem ajustes no decorrer do projeto para acomodar novas informações ou modificações nos requisitos do cliente. Beck *et al.* (2001) argumentam que a capacidade de responder às mudanças é mais valiosa do que seguir um plano preestabelecido, destacando a importância da adaptabilidade em ambientes de projeto dinâmicos.

Planejamento e Entrega

O planejamento em metodologias ágeis é iterativo e incremental, permitindo revisões contínuas ao longo do projeto. Isso contrasta com o planejamento detalhado e fixo no início dos projetos que caracteriza as metodologias tradicionais. Cockburn e Highsmith (2001) afirmam que essa abordagem iterativa facilita a entrega frequente de *software*, proporcionando valor ao cliente de maneira contínua e permitindo ajustes baseados em *feedback* real.

Envolvimento do Cliente

O envolvimento do cliente é outro ponto de distinção crucial. Nas metodologias ágeis, ele está envolvido em todo o processo de desenvolvimento, o que ajuda a garantir que o produto final atenda às suas necessidades e expectativas. Em contraste, nas metodologias tradicionais, o envolvimento do cliente geralmente se limita às fases iniciais e finais do projeto.

Figura 2.7: Cliente participando de uma reunião com o Scrum Master

Fonte: Gerado via DALL.E, 2024.

Sommerville (2011) destaca a importância dessa colaboração contínua, sugerindo que ela pode levar a uma maior satisfação do cliente e a produtos de melhor qualidade.

Cultura Organizacional e Comunicação

A adoção de metodologias ágeis também pode influenciar a cultura organizacional, promovendo um ambiente que valoriza a comunicação, a colaboração e a capacidade de resposta. Highsmith (2002) observa que as equipes ágeis costumam ser mais autônomas, com membros capazes de tomar decisões rápidas e eficazes. Isso contrasta com as estruturas hierárquicas mais rígidas vistas em abordagens tradicionais, em que as decisões podem ser mais centralizadas e demoradas.

A escolha entre metodologias ágeis e tradicionais depende de vários fatores, incluindo a natureza do projeto, a cultura organizacional e as preferências do cliente. No entanto, a crescente popularidade das metodologias ágeis reflete um reconhecimento de suas vantagens em termos de adaptabilidade, envolvimento do cliente e entrega de valor contínuo.

LISTA DE EXERCÍCIOS DO CAPÍTULO 2

Exercícios Dissertativos

1. Explique a origem das metodologias ágeis e descreva o contexto em que surgiram.
2. Discuta os quatro valores fundamentais expressos no Manifesto Ágil.
3. Como as metodologias ágeis respondem à necessidade de flexibilidade e adaptação no desenvolvimento de *software*?
4. Compare e contraste o modelo em cascata com as metodologias ágeis em termos de abordagem ao planejamento e execução de projetos.
5. Descreva dois princípios do Manifesto Ágil que enfatizam a importância da colaboração no desenvolvimento de *software*.
6. Explique como o Scrum implementa os valores e princípios ágeis no gerenciamento de projetos de *software*.
7. Quais são as implicações da adoção de metodologias ágeis para as equipes de desenvolvimento e para os *stakeholders* do projeto?

8. Discuta a importância da entrega contínua de valor em metodologias ágeis.

9. Como o *feedback* do cliente é integrado no processo de desenvolvimento ágil?

10. Explique a diferença entre *software* em funcionamento e documentação abrangente segundo o Manifesto Ágil.

11. Qual é o papel do *Product Owner* em uma equipe Scrum?

12. Como as retrospectivas contribuem para a melhoria contínua em projetos ágeis?

13. Discuta a relevância da comunicação face a face, conforme promovido pelas metodologias ágeis.

14. De que forma a flexibilidade das metodologias ágeis impacta o ciclo de vida do desenvolvimento de *software*?

15. Explique o conceito de *sprints* no Scrum e como eles facilitam o planejamento flexível.

16. Como os princípios ágeis abordam a gestão de mudanças em requisitos de *software*?

17. Descreva a importância do trabalho em equipe e da auto-organização em um ambiente ágil.

18. Explique como as metodologias ágeis podem aumentar a satisfação do cliente.

19. Compare a priorização de tarefas em metodologias ágeis com as abordagens tradicionais.

20. Discuta a importância da transparência no desenvolvimento ágil de *software*.

Questões de Múltipla Escolha

1. Qual é o principal objetivo das metodologias ágeis?
   a. Maximizar a documentação do projeto
   b. Garantir que o *software* não seja modificado após sua inicial concepção
   c. Entregar *software* funcional rapidamente e com frequência
   d. Seguir rigorosamente um plano pré-estabelecido

2. O Manifesto Ágil foi publicado em qual ano?
   a. 1995
   b. 2000
   c. 2001
   d. 2005

3. Qual destes não é um *framework* ou método baseado em práticas ágeis?
   a. Scrum
   b. Kanban
   c. *Waterfall*
   d. XP (*Extreme Programming*)

4. O que a metodologia ágil valoriza mais?
   a. Processos e ferramentas
   b. Documentação abrangente
   c. Resposta às mudanças
   d. Seguir um plano

5. Qual papel no Scrum é responsável por remover os impedimentos da equipe?
   a. O *Product Owner*
   b. O Scrum Master
   c. O desenvolvedor
   d. O *stakeholder*

6. No contexto das metodologias ágeis, o que é um *Sprint*?
   a. Uma reunião para revisar o trabalho feito no último mês
   b. Um período de desenvolvimento no qual o trabalho é feito para alcançar um objetivo específico
   c. Uma técnica de *brainstorming* para gerar ideias rápidas
   d. Uma ferramenta de gestão de tempo

7. A prática de integrar e testar o *software* frequentemente é conhecida como:
   a. *Code refactoring*
   b. *Continuous integration*
   c. *Pair programming*
   d. *Continuous deployment*

8. O princípio ágil de *software* em funcionamento mais que documentação abrangente sugere que:
   a. A documentação não é necessária
   b. O *software* em funcionamento é a principal medida de progresso
   c. A documentação é mais importante que o *software*
   d. O *software* nunca deve ser documentado

9. Qual destes é um benefício das metodologias ágeis?
   a. Aumento da rigidez nos processos
   b. Maior tempo de entrega do produto final
   c. Melhor adaptação às mudanças
   d. Redução da comunicação com o cliente

10. "Satisfação do cliente por meio da entrega contínua de *software* valioso" é um princípio de qual metodologia?
    a. Modelo em cascata
    b. Metodologias ágeis
    c. Desenvolvimento orientado a objetos
    d. Programação estruturada

11. Qual é um dos doze princípios do Manifesto Ágil?
    a. Priorizar a documentação sobre a comunicação
    b. Atrasar as mudanças o máximo possível
    c. A simplicidade é essencial
    d. O contrato com o cliente é mais importante que a colaboração

12. Em Scrum, o *backlog* do produto é:
    a. Uma lista de *bugs* conhecidos no *software*
    b. Um registro detalhado de todas as reuniões realizadas pela equipe
    c. Uma lista priorizada de requisitos do sistema
    d. O conjunto de códigos que precisam ser refatorados

13. O que define melhor a programação em pares?
    a. Dois programadores trabalham em projetos diferentes no mesmo escritório
    b. Dois programadores compartilham o mesmo teclado e mouse para escrever o código
    c. Um programador escreve o código enquanto o outro assiste e faz sugestões
    d. Dois programadores trabalhando em dois códigos diferentes para o mesmo projeto

14. Qual dos seguintes melhor descreve o termo iterativo no desenvolvimento ágil de *software*?
    a. Completação do projeto em uma única fase sem revisões
    b. Desenvolvimento sequencial do início ao fim sem retorno
    c. Repetição de ciclos de desenvolvimento para gradualmente avançar no projeto
    d. Uso de várias linguagens de programação no desenvolvimento

15. Kanban é uma ferramenta ágil usada para:
    a. Gerenciar e limitar o trabalho em progresso
    b. Programar reuniões diárias
    c. Documentar extensivamente o projeto
    d. Definir a arquitetura do *software*

16. A retrospectiva em metodologias ágeis é importante porque:
    a. É uma oportunidade para a equipe relaxar
    b. Permite à equipe refletir sobre o que funcionou bem e o que pode ser melhorado
    c. É o momento de documentar o projeto inteiro
    d. Define os salários da equipe

17. O que o termo "ágil" enfatiza no desenvolvimento de *software*?
    a. Adesão estrita a um conjunto de ferramentas de desenvolvimento
    b. Capacidade de responder rapidamente às mudanças
    c. Completação do projeto o mais rápido possível
    d. Evitar qualquer forma de comunicação dentro da equipe

18. Scrum e XP (*Extreme Programming*) são exemplos de:
   a. Métodos de desenvolvimento de *software* baseados em RUP
   b. Técnicas de teste de *software*
   c. Metodologias ágeis de desenvolvimento de *software*
   d. Ferramentas de gerenciamento de projeto

19. No desenvolvimento ágil, o *backlog* grooming refere-se a:
   a. Limpar o código de *bugs* antes da entrega
   b. Refatoração do código para melhorar a performance
   c. Atualizar e priorizar novamente o *backlog* do produto
   d. Revisar a documentação do projeto

20. Um *Sprint* no Scrum normalmente dura:
   a. Um dia
   b. Uma semana a um mês
   c. Seis meses
   d. Um ano

3. SCRUM: UMA ABORDAGEM ÁGIL

O Scrum é uma das metodologias ágeis mais empregadas no desenvolvimento de *software*, conhecida por sua estrutura simples e eficácia na gestão de projetos complexos. Essa metodologia é delineada por seus fundamentos, papéis, eventos e artefatos, que, em conjunto, facilitam a colaboração e promovem a entrega contínua de valor.

3.1 TRANSPARÊNCIA, INSPEÇÃO E ADAPTAÇÃO: OS PILARES DO SCRUM

1. **Transparência**: fundamental para o sucesso de qualquer projeto Scrum, a transparência assegura que todos os membros da equipe tenham um entendimento claro do projeto, seus objetivos e o estado atual do desenvolvimento. Isso envolve a comunicação aberta, a disponibilidade de informações em tempo real e a clareza sobre os critérios de sucesso. A transparência permite que as partes interessadas, incluindo clientes e usuários finais, estejam informadas e envolvidas no processo, promovendo confiança e colaboração efetiva;

2. **Inspeção**: esse pilar enfatiza a importância de revisões regulares do progresso do projeto para identificar rapidamente qualquer desvio em relação aos objetivos planejados. No contexto do Scrum, a inspeção não se limita apenas ao produto em desenvolvimento, mas também aos processos e práticas adotados pela equipe, permitindo a identificação precisa de oportunidades de melhoria. As reuniões diárias do Scrum (*Daily* Scrums), as Revisões de *Sprint* e as Retrospectivas de *Sprint* são exemplos de

práticas que incorporam a inspeção, promovendo um ciclo contínuo de *feedback* e aprendizado;

3. **Adaptação:** a capacidade de adaptar-se rapidamente às mudanças é essencial em um ambiente de projeto ágil. A adaptação refere-se à implementação de alterações necessárias para corrigir qualquer problema ou desvio identificado durante a inspeção. Isso pode envolver ajustes no *backlog* do produto, na estratégia de desenvolvimento ou nas práticas da equipe. A adaptabilidade é crucial para manter o projeto alinhado com os objetivos do cliente e para responder eficazmente às mudanças no mercado ou às necessidades dos usuários.

Implementando os Fundamentos do Scrum com Eficácia

A implementação bem-sucedida dos fundamentos do Scrum exige mais do que apenas compreender seus princípios teóricos, ela requer uma mudança cultural significativa dentro das organizações. As equipes devem abraçar os valores ágeis, estabelecer práticas que promovam a transparência, a inspeção e a adaptação, além de estarem comprometidas com a melhoria contínua. A liderança e o apoio organizacional são fundamentais para superar os desafios inerentes à adoção de uma nova metodologia, especialmente em equipes acostumadas a abordagens mais tradicionais de desenvolvimento de *software*.

Adicionalmente, o sucesso na implementação do Scrum depende da eficácia com que os papéis do Scrum (*Product Owner, Scrum Master* e Equipe de Desenvolvimento) são desempenhados, do engajamento contínuo com o cliente e da capacidade da equipe em se adaptar e responder às mudanças. A colaboração contínua, o *feedback* regular e a entrega incremental de valor são aspectos-chave que caracterizam as equipes Scrum altamente eficazes.

Em conclusão, os fundamentos do Scrum representam mais do que simples diretrizes para o desenvolvimento de *software*. Eles refletem uma filosofia abrangente que valoriza a colaboração, a adaptabilidade e a entrega de valor. A implementação desses princípios pode transformar radicalmente a forma como as equipes desenvolvem *software*s, promovendo a eficiência, a inovação e a satisfação do cliente.

3.2 PAPÉIS, EVENTOS E ARTEFATOS DO SCRUM

Em metodologias ágeis, o termo tradicional "gerente de projetos" é frequentemente substituído por papéis que refletem a natureza colaborativa e flexível dessas práticas. Dependendo da metodologia ágil específica aplicada, os termos podem variar:

1. **Scrum Master**: embora não seja um "gerente de projetos" no sentido tradicional, o Scrum Master ajuda a equipe a usar o Scrum para atingir o mais alto nível de desempenho.

Figura 3.1: *Product Owner* (PO)

Fonte: Gerado via DALL.E, 2024.

Ele ou ela facilita reuniões, remove impedimentos e garante que os princípios e práticas ágeis sejam seguidos;

2. **Coach Ágil ou Agile Coach**: em contextos mais amplos que transcendem metodologias específicas como Scrum, um Agile Coach pode ajudar as equipes e organizações a adotarem e melhorar suas práticas ágeis, trabalhando em aspectos técnicos, culturais e de gestão;

3. *Product Owner:* embora tenha um papel diferente do tradicional gerente de projetos, o *Product Owner* é crucial em metodologias ágeis. Ele é responsável por maximizar o valor do produto e do trabalho da equipe de desenvolvimento;

4. **Líder de Projeto Ágil**: algumas organizações utilizam esse termo para descrever um papel que combina aspectos do gerenciamento de projetos tradicional com a flexibilidade ágil, focando na entrega de projetos dentro de contextos ágeis;
5. **Facilitador de Equipe** em Kanban ou outras metodologias ágeis: Esse papel é semelhante ao do Scrum Master, focando em suportar a equipe, melhorar os fluxos de trabalho e remover obstáculos.

A transição para metodologias ágeis reflete uma mudança fundamental na abordagem de gerenciamento de projetos, com menos ênfase em controle direto e mais em liderança servidora, facilitação e habilitação da equipe para alcançar seus objetivos.

Eventos do Scrum

  a. *Sprint*: o coração do Scrum, um *Sprint* é um período de tempo (normalmente de 2 a 4 semanas) durante o qual um incremento "potencialmente entregável" do produto é criado. Cada *Sprint* segue imediatamente o anterior, permitindo ajustes rápidos com base no *feedback*;
  b. **Planejamento do *Sprint***: uma sessão em que a equipe, junto ao *Product Owner*, decide quais itens do *backlog* serão trabalhados no próximo *Sprint* e planeja a estratégia para alcançar o objetivo do *Sprint*;
  c. ***Daily* Scrum**: uma reunião diária de curta duração para que a equipe de desenvolvimento sincronize atividades e planeje o trabalho das próximas 24 horas. Esses encontros promovem a comunicação direta e a identificação rápida de problemas;
  d. **Revisão do *Sprint***: ao final de cada *Sprint*, a equipe apresenta os incrementos realizados aos *stakeholders*,

coletando *feedback* valioso que pode ser incorporado em futuras iterações;
e. **Retrospectiva do *Sprint*:** uma oportunidade para a equipe refletir sobre o *Sprint* passado e identificar oportunidades para melhorar os processos e a eficácia na próxima iteração.

Artefatos do Scrum

a. ***Product Backlog*:** é uma lista dinâmica de tudo o que é necessário no produto, incluindo funcionalidades, correções etc. É constantemente priorizado pelo *Product Owner* para refletir as necessidades mais críticas e entregar o máximo valor;
b. ***Sprint Backlog*:** é uma seleção de itens do *Product Backlog* escolhidos para serem realizados no *Sprint* atual, juntamente com um plano para entregá-los. Representa o trabalho que a equipe de desenvolvimento se compromete a completar no *Sprint*;
c. **Incremento:** é o conjunto de todos os itens do *Product Backlog* completados durante o *Sprint*, somados a todos os incrementos de *Sprints* anteriores. O incremento deve estar em uma condição de ser lançado, mesmo que o PO decida não fazê-lo.

A combinação desses papéis, eventos e artefatos cria uma estrutura que promove a agilidade, a flexibilidade e a capacidade de resposta rápida às mudanças, características fundamentais para o sucesso no desenvolvimento de *software* ágil. Implementar e aderir a esses elementos do Scrum possibilita que as equipes maximizem o valor do produto, melhorem continuamente seus processos e entreguem resultados que atendam ou superem as expectativas dos clientes.

3.3 IMPLEMENTANDO SCRUM NA PRÁTICA

Implementar o Scrum na prática envolve mais do que apenas entender seus componentes teóricos; requer uma transformação cultural e organizacional profunda. Esse processo começa com a educação e o envolvimento de toda a equipe e *stakeholders* sobre os princípios e valores do Scrum, seguido por uma aplicação cuidadosa e adaptada de seus papéis, eventos e artefatos. A seguir, detalhamos etapas e considerações cruciais para a implementação eficaz do Scrum.

1. Educação e Comprometimento

- **Formação e Capacitação**: todos os membros da equipe, incluindo o *Product Owner*, o Scrum Master e a Equipe de Desenvolvimento, devem ser adequadamente treinados nos princípios e práticas do Scrum. Isso pode incluir workshops, cursos de certificação e sessões de treinamento prático.
- **Compromisso Organizacional**: a alta administração deve compreender e apoiar a transição para o Scrum, fornecendo os recursos necessários e ajustando as expectativas de resultados e processos de trabalho.

2. Adaptação Cultural

- **Promoção da Cultura Ágil**: desenvolver uma cultura que valoriza a flexibilidade, a colaboração aberta e o *feedback* contínuo é fundamental. Isso inclui encorajar a comunicação transparente, a tomada de decisão colaborativa e a aceitação de falhas como oportunidades de aprendizado.

- **Adaptação às Mudanças**: preparar a equipe e a organização para se adaptarem rapidamente às mudanças, seja em requisitos de projeto, tecnologia ou objetivos de negócios, é essencial para aproveitar os benefícios do Scrum.

3. Implementação Estruturada

- **Definição de Papéis**: alocar claramente os papéis de *Product Owner*, Scrum Master e membros da Equipe de Desenvolvimento, garantindo que cada um entenda suas responsabilidades e como suas funções contribuem para o sucesso do projeto;
- **Planejamento e Execução dos Eventos Scrum**: estabelecer e seguir rigorosamente os eventos Scrum (*Sprint*s, Planejamento do *Sprint*, *Daily* Scrums, Revisão do *Sprint*, Retrospectiva do *Sprint*) para garantir a continuidade, o foco e a melhoria contínua;
- **Gestão Efetiva dos Artefatos do Scrum**: manter o *Product Backlog* e o *Sprint Backlog* atualizados e precisos, assegurando que o incremento reflita o trabalho concluído e esteja alinhado com os objetivos do projeto.

4. Avaliação Contínua e Melhoria

- **Retrospectivas Produtivas**: utilizar as Retrospectivas do *Sprint* para avaliar o que funcionou bem, o que necessita de aprimoramento e como implementar efetivamente essas melhorias nos próximos *Sprint*s;

- **Medição e Ajuste**: monitorar continuamente a produtividade, a qualidade do trabalho e a satisfação do cliente para ajustar práticas, processos e até mesmo a cultura organizacional, conforme necessário.

5. Promoção da Colaboração e do Engajamento

- **Engajamento do Cliente**: envolver os clientes e *stakeholders* no processo de desenvolvimento, utilizando a Revisão do *Sprint* para coletar *feedback* e ajustar o *Product Backlog* de acordo;
- **Empoderamento da Equipe**: empoderar os membros da equipe para tomar decisões importantes, encorajando a propriedade coletiva do projeto e promovendo um ambiente no qual a inovação e a criatividade são valorizadas.

Implementar o Scrum com sucesso requer paciência, dedicação e, muitas vezes, uma mudança significativa na maneira como as equipes e as organizações operam. As recompensas, no entanto, podem ser substanciais, incluindo aumento da produtividade, produtos de maior qualidade, maior satisfação do cliente e uma equipe mais engajada e motivada. Ao se comprometerem com os princípios fundamentais do Scrum e abraçarem a adaptabilidade e a colaboração, as organizações podem navegar com sucesso na transição para práticas ágeis e colher os benefícios de um ambiente de desenvolvimento mais dinâmico e responsivo.

LISTA DE EXERCÍCIOS DO CAPÍTULO 3

Exercícios Dissertativos

1. Descreva os três pilares do Scrum e explique como cada um contribui para um projeto bem-sucedido.
2. Explique o papel e responsabilidades do Scrum Master em uma equipe de Scrum.
3. Detalhe as funções do *Product Owner* dentro do *framework* Scrum.
4. Descreva o propósito e a estrutura de um *Sprint* no Scrum.
5. Explique o que é um *Product Backlog* e como ele é utilizado no Scrum.
6. Discuta o processo e a importância das Reuniões de Planejamento do *Sprint*.
7. Descreva o objetivo e o formato das *Daily* Scrums (ou *Daily Stand-up*s).
8. O que acontece em uma Revisão do *Sprint* e qual é seu valor para o projeto?
9. Explique o propósito da Retrospectiva do *Sprint* e como ela pode melhorar o processo de Scrum.
10. Discuta como o Scrum promove a colaboração entre os membros da equipe e os *stakeholders*.
11. Descreva como os impedimentos são tratados e resolvidos em uma equipe Scrum.
12. Explique a diferença entre o *Product Backlog* e o *Sprint Backlog*.

13. Como o Scrum facilita a adaptabilidade e a resposta às mudanças durante o desenvolvimento de *software*?
14. Discuta a importância da transparência, inspeção e adaptação no Scrum.
15. Como a definição de Pronto (Done) influencia a entrega de valor em um projeto Scrum?
16. Explique como o Scrum pode ser aplicado em projetos não relacionados a *software*.
17. Discuta as vantagens e desafios de implementar Scrum em organizações grandes e distribuídas.
18. Descreva o papel dos artefatos no Scrum e como eles suportam o processo de desenvolvimento.
19. Como o Scrum aborda a gestão de riscos em projetos de desenvolvimento?
20. Discuta o impacto do Scrum no ciclo de vida tradicional de desenvolvimento de *software*.

Questões de Múltipla Escolha

1. O que um *Sprint* no Scrum representa?
    a. Uma reunião de retrospectiva
    b. Um período fixo durante o qual um conjunto de atividades deve ser concluído
    c. Uma sessão de planejamento
    d. Uma revisão do progresso do projeto

2. Quem é responsável por manter o *Product Backlog* no Scrum?
   a. Scrum Master
   b. Equipe de Desenvolvimento
   c. *Product Owner*
   d. *Stakeholders*

3. Qual das seguintes opções não é um artefato do Scrum?
   a. *Product Backlog*
   b. *Sprint Backlog*
   c. Incremento
   d. Diagrama de Gantt

4. Qual é a duração típica de um *Sprint* no Scrum?
   a. 1-2 dias
   b. 1 semana
   c. 2-4 semanas
   d. 3 meses

5. O que acontece em uma Reunião de Planejamento do *Sprint*?
   a. A equipe celebra o sucesso do último *Sprint*
   b. Os itens do *Product Backlog* são selecionados para o próximo *Sprint*
   c. A equipe de desenvolvimento apresenta o *software* finalizado
   d. O Scrum Master revisa as políticas da empresa

6. Qual é o propósito da *Daily* Scrum (reunião diária)?
   a. Discutir mudanças na política da empresa
   b. Resolver problemas técnicos complexos
   c. Sincronizar as atividades e criar um plano para as próximas 24 horas
   d. Realizar a revisão do código

7. O que é um Incremento no Scrum?
   a. Uma nova funcionalidade que será desenvolvida no futuro
   b. A soma de todos os itens do *Product Backlog* completados durante o *Sprint*
   c. Uma melhoria proposta para o processo de Scrum
   d. Um conjunto de tarefas atribuídas ao Scrum Master

8. Quem participa de uma Retrospectiva do *Sprint*?
   a. Apenas o Scrum Master
   b. Apenas o *Product Owner*
   c. A equipe de desenvolvimento e o Scrum Master
   d. Toda a equipe Scrum, incluindo o Scrum Master e o *Product Owner*

9. Qual é a principal função do Scrum Master?
   a. Gerenciar diretamente a equipe de desenvolvimento
   b. Maximizar o valor do produto trabalhado pela equipe Scrum
   c. Facilitar as práticas do Scrum dentro da equipe
   d. Escrever os itens do *Product Backlog*

10. Como as prioridades são definidas no *Product Backlog*?
    a. Pelo Scrum Master
    b. Pela equipe de desenvolvimento
    c. Pelo *Product Owner*
    d. Pelos *stakeholders*

11. Qual destes é um benefício de realizar Retrospectivas do *Sprint*?
    a. Aumentar o tamanho da equipe
    b. Melhorar o processo de Scrum continuamente
    c. Reduzir o número de reuniões
    d. Eliminar a necessidade de *Daily* Scrums

12. Em que momento os itens do *Product Backlog* são estimados?
    a. Durante o *Sprint*
    b. Na Reunião de Planejamento do *Sprint*
    c. Na Retrospectiva do *Sprint*
    d. Durante a *Daily* Scrum

13. O que caracteriza um *Sprint* 0?
    a. Uma pausa entre *Sprints* para descanso da equipe
    b. Um *Sprint* dedicado à execução de tarefas administrativas
    c. Um *Sprint* utilizado para planejamento e preparação antes do início do desenvolvimento
    d. O último *Sprint* de um projeto

14. Qual atividade não faz parte do Scrum?
    a. Programação em pares
    b. *Daily* Scrum
    c. *Sprint* Review
    d. Uso obrigatório de diagramas UML

15. O que é verdade sobre o Scrum?
    a. Scrum é uma metodologia prescritiva com regras rígidas
    b. Scrum define um conjunto específico de ferramentas a serem usadas
    c. Scrum é um *framework* flexível que ajuda as equipes a trabalharem juntas
    d. Scrum elimina a necessidade de reuniões regulares

16. O que é essencial para começar um novo *Sprint*?
    a. Completar todas as tarefas do *Sprint* anterior
    b. Uma nova lista de recursos do cliente
    c. A conclusão da Retrospectiva do *Sprint*
    d. A aprovação dos *stakeholders*

17. Qual dos seguintes melhor descreve o papel dos *stakeholders* no Scrum?
    a. Eles são responsáveis por definir os itens do *Sprint Backlog*
    b. Participam das reuniões diárias para fornecer *feedback*
    c. Fornecem *feedback* durante a Revisão do *Sprint*
    d. Atuam como Scrum Masters para garantir a adesão ao processo

18. Como o Scrum trata mudanças de requisitos durante um *Sprint*?
    a. Mudanças são estritamente proibidas durante um *Sprint*
    b. Mudanças podem ser introduzidas, mas com penalidades
    c. Mudanças são encorajadas a qualquer momento
    d. Mudanças são geralmente incorporadas no próximo *Sprint*

19. Qual a melhor prática para lidar com um item do *Sprint Backlog* que não foi concluído no final do *Sprint*?
    a. Descartar o item como irrelevante
    b. Deixá-lo no *Sprint Backlog* para o próximo *Sprint*
    c. Retorná-lo ao *Product Backlog* para reavaliação
    d. Dividi-lo em tarefas menores e distribuí-las no próximo *Sprint*

20. O que define uma equipe Scrum auto-organizada?
   a. A equipe é capaz de definir suas próprias tarefas e gerenciar seu próprio trabalho
   b. A equipe não precisa de um Scrum Master ou *Product Owner*
   c. A equipe recebe instruções detalhadas sobre como completar cada tarefa
   d. A equipe trabalha sem horários fixos ou prazos

4. EXTREME PROGRAMMING (XP)

O *Extreme Programming* (XP) é uma metodologia ágil de desenvolvimento de *software* que visa melhorar a qualidade do produto e a capacidade de resposta às mudanças nas necessidades do cliente.

Figura 4.1: Trabalho em pares segundo o *Extreme Programming* (XP)

Fonte: Gerada via DALL.E, 2024.

Introduzido por Kent Beck no final dos anos 1990, o XP enfatiza a comunicação frequente, o *feedback*, a simplicidade e a coragem. Este capítulo explora os princípios e práticas do XP, sua aplicação no ciclo de vida do desenvolvimento, e os benefícios e desafios associados à sua implementação.

4.1 PRINCÍPIOS E PRÁTICAS DO XP

O *Extreme Programming* (XP) é uma metodologia de desenvolvimento de *software* que coloca ênfase na excelência técnica, comunicação e simplicidade. Baseia-se em princípios fundamentais que promovem uma abordagem adaptável e colaborativa ao desenvolvimento de *software*. Aqui, aprofundamos os principais princípios e práticas do XP, explorando como cada um contribui para o sucesso do projeto.

Princípios Fundamentais do XP

    a. *Feedback* **Constante**: essencial para a melhoria contínua, o *feedback* é obtido tanto interna (entre membros da equipe) quanto externamente (do cliente);

Figura 4.2: *Feedback* Constante na metodologia XP

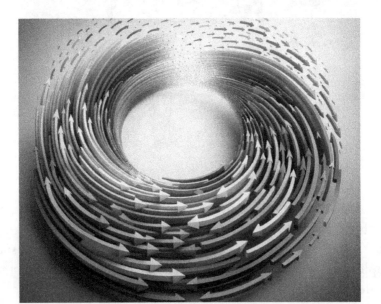

Fonte: Gerado via DALL.E, 2024.

Isso permite ajustes oportunos no produto, assegurando que ele atenda às expectativas e às necessidades do usuário.
b. **Simplicidade**: o XP incentiva a solução mais simples que poderia possivelmente funcionar. Isso não apenas acelera o desenvolvimento, mas também facilita a manutenção e a adaptabilidade do *software* a longo prazo;
c. **Mudanças Incrementais**: o desenvolvimento é feito em pequenos passos, permitindo uma gestão de riscos mais eficaz e a capacidade de adaptar-se rapidamente às mudanças de requisitos;
d. **Boas Práticas de Programação**: o XP promove práticas que sustentam a criação de *software* de alta qualidade, tais como refatoração e desenvolvimento orientado por testes.

Práticas Notáveis do XP

- **Programação em Pares**: essa prática não só melhora a qualidade do código, mas também serve como uma forma de transferência de conhecimento contínua entre membros da equipe. Ao trabalhar em pares, os programadores podem identificar imediatamente potenciais falhas de *design* e *bugs*, além de conceber soluções mais criativas e eficazes;
- **Desenvolvimento Orientado por Testes (TDD)**: o TDD incentiva os desenvolvedores a pensarem cuidadosamente sobre os requisitos e o *design* do *software* antes de começarem a codificar. Escrever testes primeiro ajuda a clarificar os objetivos do desenvolvimento e garante que o *software* seja construído com a qualidade desde o início. Além disso, facilita a refatoração, pois os testes

existentes podem rapidamente validar as alterações feitas no código;
- **Integração Contínua (CI)**: é fundamental para detectar erros de forma antecipada e facilitar a entrega rápida de *software*. Ao integrar e testar o código frequentemente, a equipe pode identificar e resolver conflitos e *bugs* mais rápido, reduzindo o tempo de entrega e melhorando a qualidade do *software*;
- **Refatoração**: a refatoração é uma prática contínua de aprimoramento do código, sem alterar seu comportamento externo. Ela é crucial para manter a base de código limpa, eficiente e fácil de manter. A refatoração permite que o *software* evolua de forma saudável, adaptando-se às novas necessidades sem acumular dívida técnica;

Cada uma dessas práticas suporta os princípios fundamentais do XP, criando um ciclo de desenvolvimento que é iterativo, adaptável e altamente focado na qualidade do produto final. Ao adotar essas práticas, as equipes de desenvolvimento podem criar *softwares* de maneira mais eficiente, responder melhor às mudanças nas necessidades dos clientes e, em última análise, entregar produtos que atendam ou superem as expectativas.

4.2 XP NO CICLO DE VIDA DO DESENVOLVIMENTO

A metodologia *Extreme Programming* (XP) influencia significativamente o ciclo de vida do desenvolvimento de *software*, introduzindo práticas que promovem a adaptabilidade, eficiência e qualidade do produto. Este capítulo detalha como o XP se encaixa nas diversas fases do ciclo de vida do desenvolvimento, da concepção à entrega, e destaca a importância de suas práticas fundamentais em cada etapa.

Planejamento Inicial

No início do ciclo de vida do desenvolvimento de *software*, o XP prioriza a criação de histórias de usuários para capturar requisitos de forma clara e concisa. Essas histórias fornecem uma base para o planejamento e estimativa de releases, permitindo uma compreensão compartilhada dos objetivos do projeto entre todos os *stakeholders*.

Design e Implementação

Durante as fases de *design* e implementação, o XP implementa várias práticas para promover a eficácia do desenvolvimento e a qualidade do código. A programação em pares e o Desenvolvimento Orientado por Testes (TDD) são centrais nesse aspecto, incentivando a colaboração e a reflexão constante sobre o *design* do sistema.

Integração e Manutenção

A integração contínua (CI) e a refatoração são práticas do XP que sustentam a qualidade e a sustentabilidade do código ao longo do ciclo de vida do desenvolvimento. A CI facilita a detecção precoce de erros e a colaboração entre membros da equipe, enquanto a refatoração mantém o código limpo e adaptável.

Incorporar o *Extreme Programming* no ciclo de vida do desenvolvimento de *software* permite às equipes responderem de forma mais eficaz e eficiente às mudanças nas necessidades dos clientes. Ao adotarem as práticas do XP, como histórias de usuários, programação em pares, TDD, integração contínua e refatoração, as equipes podem garantir a entrega de *software* de alta qualidade dentro do prazo e do orçamento.

A adoção dessas práticas, conforme discutido nos trabalhos de Beck, Williams, Kessler, Fowler e Duvall (2001), ressalta a importância de uma abordagem iterativa e adaptável ao desenvolvimento de *software*, características fundamentais do XP que têm um impacto positivo em todo o ciclo de vida do projeto.

4.3 BENEFÍCIOS E DESAFIOS DO XP

A metodologia *Extreme Programming* (XP) oferece uma série de benefícios que podem transformar o desenvolvimento de *software*, ao mesmo tempo que apresenta desafios que exigem consideração cuidadosa para sua implementação efetiva. Abaixo, detalhamos esses aspectos, complementando-os com *insights* e referências bibliográficas relevantes.

Benefícios do XP

a. **Melhoria da Qualidade do *Software***: as práticas do XP, como Desenvolvimento Orientado por Testes (TDD) e programação em pares, conduzem a uma base de código mais robusta e com menos *bugs*;

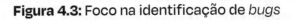

Figura 4.3: Foco na identificação de *bugs*

Fonte: Gerado via DALL.E, 2024.

Estudos indicam que o TDD, por exemplo, não apenas detecta defeitos precocemente, mas também contribui para um *design* de *software* mais coeso e desacoplado (Beck, 2003);
b. **Flexibilidade**: o XP é altamente adaptável às mudanças, tornando-o ideal para projetos em ambientes voláteis. A capacidade de incorporar novos requisitos ou modificar o produto em desenvolvimento sem grandes prejuízos ao progresso geral é uma vantagem substancial (Beck; Andres, 2004);
c. **Produtividade**: a ênfase do XP na comunicação e *feedback* constantes, combinada com a integração contínua e a refatoração, promove um ambiente em que a eficiência da equipe é maximizada. A programação em pares, especificamente, tem sido associada a um aumento na produtividade devido à redução de erros e ao aprimoramento da qualidade do código (Williams, Kessler, 2002).

Desafios do XP

a. **Cultura Organizacional**: a implementação do XP pode ser desafiadora em ambientes que resistem à mudança cultural. Organizações acostumadas a métodos de desenvolvimento de *software* mais tradicionais podem encontrar dificuldades para adotar práticas como programação em pares e TDD, que exigem uma mudança significativa na maneira como o trabalho é realizado (Highsmith, 2002);
b. **Necessidade de Comprometimento Total**: o sucesso do XP depende fortemente do compromisso inabalável com suas práticas. Isso pode ser particularmente desafiador ao longo do tempo, à medida que projetos e equipes evoluem. Manter uma adesão rigorosa aos valores e práticas do XP requer um esforço contínuo de todos os envolvidos (Beck; Andres, 2004);

c. **Não é Ideal para Todos os Projetos**: projetos de grande escala ou aqueles com equipes geograficamente distribuídas podem enfrentar desafios ao adotar o XP, devido à sua ênfase na comunicação face a face e no trabalho colaborativo intenso. Em tais contextos, outras metodologias ágeis que oferecem estruturas mais flexíveis para o gerenciamento de equipes distribuídas podem ser mais adequadas (Cockburn; Highsmith, 2001);

Em suma, enquanto o *Extreme Programming* oferece um caminho para melhorar significativamente a qualidade do *software*, sua adaptabilidade e produtividade, a adoção bem-sucedida desta metodologia depende da capacidade de superar desafios relacionados à cultura organizacional, ao comprometimento da equipe e à adequação do projeto. Avaliar cuidadosamente esses fatores é essencial para maximizar os benefícios do XP.

LISTA DE EXERCÍCIOS DO CAPÍTULO 4

Exercícios Dissertativos

1. Explique os valores fundamentais do *Extreme Programming* (XP) e como eles influenciam o processo de desenvolvimento de *software*.
2. Discuta a prática do Desenvolvimento Orientado por Testes (TDD) no contexto do XP.
3. Descreva a técnica de Programação em Pares e seu impacto na qualidade do código.

4. Como o XP aborda a mudança de requisitos durante o ciclo de desenvolvimento de *software*?

5. Explique o conceito de Integração Contínua no XP e sua importância para o desenvolvimento de *software*.

6. Discuta o papel do cliente no processo de *Extreme Programming*.

7. Como a prática de refatoração é implementada no XP e por que é importante?

8. Explique como o XP garante a qualidade do *software* através da comunicação e *feedback*.

9. Detalhe a importância do planejamento de lançamento e iterações no XP.

10. Descreva a prática de *stand-up* meetings no contexto do XP e seu objetivo.

11. Como o conceito de propriedade coletiva do código é aplicado no XP?

12. Discuta como o XP lida com a documentação de *software*.

13. Qual é a abordagem do XP para a gestão de projetos e como ela difere das metodologias tradicionais?

14. Explique o conceito de spikes no XP e quando eles são utilizados.

15. Descreva a prática de ritmo sustentável (*sustainable pace*) no XP.

16. Como o XP promove a melhoria contínua do processo de desenvolvimento de *software*?

17. Discuta a importância da simplicidade no *design* de *software*, conforme promovido pelo XP.

18. Como as reuniões de retrospectiva são realizadas no XP e qual é seu propósito?
19. Explique a abordagem do XP para lidar com o risco de *software*.
20. Discuta como o XP se alinha com os princípios do Manifesto Ágil.

Questões de Múltipla Escolha

1. Qual é um valor fundamental do *Extreme Programming* (XP)?
   a. Formalidade
   b. Simplicidade
   c. Documentação detalhada
   d. Processos fixos

2. O que caracteriza a Programação em Pares no XP?
   a. Dois programadores trabalhando em projetos diferentes lado a lado para incentivar a competição
   b. Dois programadores trabalhando no mesmo código ao mesmo tempo, compartilhando um único computador
   c. Programadores trabalhando em pares, mas em códigos diferentes para o mesmo projeto
   d. Programadores revisando o código um do outro ao final de cada dia

3. Qual é o propósito da Integração Contínua no XP?
   a. Garantir que todo o código seja revisado legalmente antes de ser integrado
   b. Integrar e testar o trabalho com frequência para identificar e corrigir problemas de forma ágil
   c. Permitir que o código seja constantemente disponibilizado para o cliente para revisão
   d. Assegurar que a documentação do código esteja sempre atualizada

4. No contexto do XP, o que são spikes?
   a. Reuniões diárias para discutir o progresso
   b. Protótipos rápidos para explorar soluções técnicas
   c. Penalidades para quando as metas do projeto não são atendidas
   d. Gráficos que mostram a produtividade da equipe

5. Como o XP trata a mudança de requisitos?
   a. Rejeitando mudanças após o início do projeto
   b. Aceitando mudanças a qualquer momento do processo de desenvolvimento
   c. Permitindo mudanças apenas nas fases iniciais do desenvolvimento
   d. Aceitando mudanças apenas no final do projeto para a próxima versão

6. Qual prática do XP é focada em melhorar a qualidade do código e facilitar mudanças futuras?
   a. Refatoração
   b. Codificação em silêncio
   c. Programação sem testes
   d. Desenvolvimento dirigido por documentação

7. Qual é a duração recomendada para uma iteração no XP?
   a. 1-2 dias
   b. 1-2 semanas
   c. 1 mês
   d. 3-6 meses

8. O que o ritmo sustentável no XP encoraja?
   a. Trabalho extra para cumprir prazos
   b. Trabalhar em um ritmo que possa ser mantido indefinidamente sem trabalho extra
   c. Pausas longas após a conclusão de cada iteração
   d. Aceleração no final do projeto para garantir a entrega

9. No XP, o Desenvolvimento Orientado por Testes (TDD) significa que:
   a. Os testes são escritos após o desenvolvimento do código
   b. Os testes são escritos antes do código que os faz passar
   c. Os testes são opcionais e podem ser adicionados conforme necessário
   d. Apenas os testes de aceitação são escritos antes do desenvolvimento

10. Qual papel no XP é responsável por definir histórias de usuário e priorizar o trabalho?
    a. Scrum Master
    b. Gerente de Projeto
    c. Cliente
    d. Líder Técnico

11. Como o *feedback* é incorporado no processo de desenvolvimento do XP?
   a. Por meio de revisões de código ao final de cada projeto
   b. Mediante testes de aceitação contínuos e *feedback* direto do cliente
   c. *Feedback* é coletado apenas durante as reuniões de retrospectiva
   d. Por meio de pesquisas de satisfação enviadas aos clientes após a entrega

12. A propriedade coletiva do código no XP significa que:
   a. Todos os programadores devem ser capazes de modificar qualquer parte do código
   b. O código pertence exclusivamente ao cliente
   c. Apenas o líder técnico pode fazer alterações significativas no código
   d. O código é aberto e pode ser modificado por qualquer pessoa fora da equipe

13. O que define uma iteração no XP?
   a. Um ciclo completo de desenvolvimento, incluindo planejamento, *design*, codificação e teste
   b. Uma revisão semanal do progresso do projeto
   c. Um período dedicado exclusivamente à documentação do projeto
   d. A fase final do projeto, focada em polimento e otimização

14. Qual é a função dos testes de aceitação no XP?
   a. Avaliar o desempenho individual dos programadores
   b. Verificar se o *software* atende aos requisitos do cliente
   c. Testar a compatibilidade do *software* com diferentes plataformas
   d. Determinar o orçamento necessário para a próxima iteração

15. Qual a abordagem do XP para a documentação?
   a. Criar documentação extensiva antes de iniciar o desenvolvimento
   b. Documentação é opcional e não necessária
   c. Produzir apenas a documentação necessária e útil para o projeto
   d. Externalizar a criação de documentação para uma equipe dedicada

16. Qual é o objetivo da prática de *stand-up meetings* no contexto do XP?
   a. Discutir alterações na equipe de desenvolvimento
   b. Resolver disputas entre membros da equipe
   c. Sincronizar o trabalho da equipe e identificar impedimentos
   d. Apresentar o código ao cliente para aprovação

17. No XP, a prática de *continual learning* (aprendizado contínuo) enfatiza que:
   a. A equipe deve participar de cursos de desenvolvimento profissional uma vez por ano
   b. A equipe deve aprender com os erros e sucessos de cada iteração para melhorar constantemente
   c. Todos os membros da equipe devem ter diplomas em ciência da computação
   d. O aprendizado é restrito às habilidades de programação

18. Como o XP encoraja a melhoria da comunicação dentro da equipe?
   a. Por meio do uso exclusivo de e-mails para todas as comunicações
   b. Implementando um sistema rigoroso de relatórios diários escritos
   c. Colocando toda a equipe no mesmo espaço físico sempre que possível
   d. Proibindo discussões verbais para evitar mal-entendidos

19. O que é o *planning game* no XP?
   a. Uma competição entre desenvolvedores para completar o máximo de tarefas em um dia
   b. Um processo de planejamento colaborativo envolvendo a equipe de desenvolvimento e o cliente para definir o escopo do próximo release
   c. Uma atividade de *team building* fora do local de trabalho
   d. Uma técnica de estimativa baseada em jogos de tabuleiro

20. No XP, qual é a abordagem para lidar com requisitos que mudam frequentemente?
   a. Requisitos mutáveis são fortemente desencorajados e só permitidos em circunstâncias excepcionais
   b. A equipe se adapta às mudanças de requisitos, planejando e desenvolvendo em iterações curtas
   c. Mudanças nos requisitos são permitidas apenas na fase de planejamento
   d. Os requisitos devem ser definidos e bloqueados antes do início do projeto

5. LEAN, KANBAN E CRYSTAL

A metodologia *Lean*, junto às práticas do Kanban e do Crystal, oferece abordagens ágeis e adaptativas para a gestão de projetos de desenvolvimento de *software*. Cada uma tem suas origens, princípios e aplicações específicas, que, quando combinadas, fornecem um conjunto robusto de ferramentas para otimizar a produção de *software*, melhorar a eficiência das equipes e garantir a entrega de valor ao cliente.

5.1 ORIGENS DO *LEAN* E KANBAN

A metodologia *Lean* tem suas raízes no Sistema Toyota de Produção (TPS), uma abordagem revolucionária para a manufatura desenvolvida por Taiichi Ohno e Eiji Toyoda na década de 1940 e 1950. O TPS foi pioneiro em muitos conceitos que se tornaram fundamentais para as práticas *Lean*, incluindo Just-In-Time (produção sob demanda), Jidoka (automação com um toque humano) e Kaizen (melhoria contínua). O objetivo central do TPS era eliminar todo tipo de desperdício (Muda) para maximizar a eficiência e a qualidade dos produtos fabricados. Essa filosofia foi mais tarde adaptada para o contexto do desenvolvimento de *software*, promovendo a ideia de criar mais valor para o cliente com menos recursos, minimizando atividades que não agregam valor ao produto final (Womack; Jones; Roos, 1990).

Kanban, que significa literalmente "cartão" ou "sinalização" em japonês, era um componente-chave do Sistema Toyota de Produção, utilizado originalmente para sinalizar a necessidade de movimentação ou produção de materiais em uma fábrica. Esse sistema de sinalização visual ajudava a regular o fluxo de trabalho e a produção, assegurando que cada componente do processo de manufatura fosse reposto ou produzido apenas quando necessário, evitando excesso de estoque e desperdício. No contexto do desenvolvimento de *software*, o Kanban foi reinterpretado por David J. Anderson como uma metodologia ágil para gerenciar e melhorar o fluxo de trabalho. O quadro Kanban, com suas colunas para diferentes estágios do processo de desenvolvimento, tornou-se uma ferramenta fundamental para visualizar o trabalho em andamento, limitar a quantidade dos simultâneos e identificar gargalos no processo, promovendo eficiência e adaptabilidade (Anderson, 2010).

O *Lean* e o Kanban, embora originários da manufatura, adaptam-se bem ao desenvolvimento de *software* devido ao seu foco na eficiência, na redução de desperdício e na melhoria contínua. Ao aplicar esses princípios ao desenvolvimento de *software*, as equipes são capazes de responder mais rapidamente às mudanças nas necessidades dos clientes, melhorar a qualidade do produto e aumentar a satisfação do cliente.

5.2 KANBAN NO DESENVOLVIMENTO DE *SOFTWARE*

No contexto do desenvolvimento de *software*, a metodologia Kanban serve como um sistema ágil e flexível que facilita a gestão do fluxo de trabalho por meio da visualização de tarefas, limitação do trabalho em progresso e foco na entrega contínua de valor. Adaptada dos princípios do Sistema Toyota de Produção, essa abordagem promove uma série de benefícios, incluindo aumento da transparência, eficiência e capacidade de resposta às mudanças.

Visualização do Trabalho

Um dos aspectos centrais do Kanban no desenvolvimento de *software* é a utilização de um quadro para visualizar todas as tarefas ou histórias de usuário dentro do ciclo de desenvolvimento.

Figura 5.1: Quadro representando modelo de trabalho Kanban

Fonte: Gerado via DALL.E, 2024.

Cada tarefa é representada por um cartão, que é movido pelo quadro à medida que progride pelas diferentes fases do processo de desenvolvimento, como "Para Fazer", "Em Progresso" e "Concluído". Essa visualização proporciona a todos os membros da equipe uma compreensão clara do estado atual do projeto, facilitando a comunicação e a coordenação.

Limitação do Trabalho em Andamento

O Kanban enfatiza a importância de limitar o trabalho em andamento (WIP) em qualquer fase do processo de desenvolvimento. Ao restringir o número de tarefas que podem ser trabalhadas simultaneamente, o Kanban ajuda a prevenir o sobrecarregamento da equipe e garante um foco maior na conclusão das tarefas atuais antes de iniciar novas. Isso não só melhora a qualidade do trabalho, mas também reduz o tempo de ciclo, permitindo entregas mais rápidas e frequentes.

Melhoria Contínua

Outro elemento chave do Kanban no desenvolvimento de *software* é o compromisso com a melhoria contínua. Por meio da revisão regular do fluxo de trabalho e da performance da equipe, o método incentiva a identificação e resolução de gargalos, bem como a adaptação de processos para aumentar a eficiência. Essa abordagem iterativa permite que as equipes se ajustem rapidamente às mudanças nas necessidades do projeto ou do mercado, mantendo o desenvolvimento ágil e alinhado com os objetivos estratégicos.

Implementação Prática

A implementação do Kanban no desenvolvimento de *software* não exige uma mudança radical nos processos existentes, tornando-o atraente para equipes que buscam melhorar sem a necessidade de adotar novas metodologias completas. Além disso, pode ser integrado com práticas de outras metodologias ágeis, como Scrum, fornecendo uma camada adicional de flexibilidade e eficiência.

Em suma, o Kanban se estabelece como uma ferramenta poderosa no desenvolvimento de *software*, oferecendo uma abordagem pragmática e eficaz para a gestão do fluxo de trabalho. Seu foco na visualização, limitação do trabalho em andamento e melhoria contínua ajuda as equipes a alcançarem maior eficiência e adaptabilidade, resultando em produtos de *software* de maior qualidade entregues em um ritmo mais rápido.

5.3 ESTRATÉGIAS PARA OTIMIZAÇÃO DE FLUXO DE TRABALHO

Para otimizar o fluxo de trabalho no desenvolvimento de *software*, as equipes podem empregar várias estratégias focadas em melhorar a eficiência, eficácia e capacidade de resposta às necessidades dos clientes. Essas estratégias são fundamentadas nos princípios do desenvolvimento ágil e *Lean*, visando à eliminação de desperdícios, à melhoria contínua dos processos e à maximização do valor entregue aos clientes. Abaixo, detalhamos algumas das estratégias mais eficazes para a otimização do fluxo de trabalho.

Implementação de *Sprints* Regulares

A adoção de *sprints* regulares, uma prática comum em metodologias ágeis como o Scrum, permite que as equipes planejem, desenvolvam, testem e revisem o *software* em ciclos curtos e iterativos. Essa abordagem não apenas facilita a adaptação rápida às mudanças, mas também promove uma mentalidade de entrega contínua, garantindo que o foco esteja sempre na produção de valor. Os *sprints* regulares ajudam a equipe a se manter alinhada com os objetivos do projeto e proporcionam oportunidades frequentes para avaliar e ajustar os processos de trabalho (Schwaber; Sutherland, 2020).

Feedback Contínuo dos Clientes

Integrar o *feedback* dos clientes de forma contínua ao ciclo de desenvolvimento é crucial para assegurar que o produto final atenda às suas necessidades e expectativas. O desenvolvimento ágil incentiva a colaboração constante entre a equipe e os clientes, permitindo que ajustes sejam feitos rapidamente com base nas opiniões e *feedback* recebidos. Essa estratégia não só melhora a satisfação do cliente, mas também aumenta a relevância e o valor do produto no mercado (Beck *et al.*, 2001).

Adoção de Práticas de Desenvolvimento *Lean*

Inspirando-se nos princípios do *Lean Manufacturing*, as práticas de desenvolvimento *Lean* focam na eliminação de todas as formas de desperdício no processo de desenvolvimento de *software*, incluindo tarefas desnecessárias, espera e retrabalho. Ao identificar e remover atividades que não agregam valor, as equipes podem se concentrar naquilo que realmente importa: a entrega de funcionalidades valiosas ao cliente. A adoção de práticas *Lean* promove um fluxo de trabalho mais enxuto e eficiente, reduzindo o tempo de ciclo e melhorando a qualidade do produto (Poppendieck; Poppendieck, 2003).

Monitoramento e Análise de Fluxo de Trabalho

O monitoramento contínuo e a análise do fluxo de trabalho são essenciais para identificar gargalos e ineficiências no processo de desenvolvimento. Ferramentas de gestão de projetos e quadros Kanban podem ser utilizados para visualizar o andamento das tarefas e o fluxo de trabalho, facilitando a identificação de áreas que necessitam de melhorias. A análise regular dos dados de desempenho permite que as equipes ajustem suas práticas e processos para otimizar a eficiência e a produtividade (Reinertsen, 2009).

5.4 INTRODUÇÃO AO CRYSTAL E SUA ADAPTAÇÃO A DIFERENTES PROJETOS

Crystal, concebida por Alistair Cockburn, representa não uma única metodologia, mas uma família de abordagens ágeis para o desenvolvimento de *software*. Sua criação foi motivada pelo reconhecimento de que não existe uma solução única para todos os projetos de *software*; em vez disso, cada equipe e projeto possuem suas características únicas que exigem uma abordagem adaptada. Crystal enfatiza principalmente a comunicação eficaz, a interação pessoal e os processos que podem ser adaptados para atender às necessidades específicas do projeto e da equipe (Cockburn, 2004).

Características Principais do Crystal

O diferencial do Crystal reside em sua adaptabilidade. Cockburn identificou que fatores como o tamanho da equipe, a criticidade do projeto (ou seja, o impacto de possíveis falhas) e as prioridades do usuário afetam diretamente a escolha da metodologia mais adequada. Com base nesses fatores, essa abordagem é dividida em várias cores ou variantes, como Crystal Clear, Crystal Yellow e Crystal Orange, cada uma destinada a projetos de diferentes tamanhos e níveis de criticidade.

Adaptação a Diferentes Projetos

A capacidade do Crystal de se adaptar a diferentes projetos é uma de suas características mais valiosas. Por exemplo, Crystal Clear é recomendado para pequenas equipes trabalhando em projetos não críticos, nos quais a comunicação face a face é fácil e natural. À medida que as equipes aumentam em tamanho ou os projetos se tornam mais críticos, variantes como Crystal Yellow ou Crystal Orange podem ser mais apropriadas, pois contêm diretrizes mais estruturadas para garantir a entrega bem-sucedida do projeto.

Comunicação e Interação entre Indivíduos

A filosofia do Crystal coloca uma ênfase especial na importância da comunicação e da interação entre os membros da equipe.

Figura 5.2: Cooperação entre membros da equipe

Fonte: Gerado via DALL.E, 2024.

Cockburn argumenta que a eficácia da comunicação tem um impacto significativo na qualidade do *software* desenvolvido. Portanto, o Crystal incentiva práticas que promovam interações frequentes e abertas dentro da equipe, como reuniões de status diárias ou sessões de programação em pares, dependendo da variante específica do Crystal aplicada.

Processos Adaptativos

Outro princípio central dessa abordagem é a adoção de processos adaptativos. Reconhecendo que as necessidades do projeto podem mudar ao longo do tempo, o Crystal permite que as equipes ajustem suas práticas, ferramentas e processos de trabalho conforme necessário. Isso garante que a metodologia permaneça relevante e eficaz, mesmo à medida que as demandas do projeto evoluam.

O Crystal, portanto, oferece uma abordagem flexível e personalizada ao desenvolvimento de *software*, reconhecendo a diversidade entre projetos e equipes. Sua ênfase na comunicação, interação pessoal e adaptabilidade faz dela uma escolha valiosa para equipes que buscam uma metodologia ágil que possa ser personalizada para atender às suas necessidades específicas.

LISTA DE EXERCÍCIOS DO CAPÍTULO 5

Questões Dissertativas

1. Explique o conceito de *Lean* no desenvolvimento de *software* e como ele contribui para a eficiência da equipe.
2. Descreva como o Kanban é utilizado no contexto do desenvolvimento de *software* e seus benefícios.
3. Explique o termo Kaizen e sua importância para a metodologia *Lean*.
4. Detalhe como a abordagem Just-In-Time do *Lean* pode ser aplicada ao desenvolvimento de *software*.

5. Como o *Lean* busca minimizar o Muda (desperdício) no processo de desenvolvimento de *software*?
6. Descreva a metodologia Crystal e como ela se diferencia do *Lean* e do Kanban.
7. Explique o conceito de Jidoka e como ele pode ser aplicado ao desenvolvimento de *software*.
8. De que maneira o *Lean* promove a melhoria contínua e a adaptação às mudanças nas necessidades do cliente?
9. Como o sistema de sinalização visual do Kanban ajuda as equipes de desenvolvimento de *software*?
10. Explique a importância da colaboração e comunicação na metodologia Crystal.
11. Como o Crystal aborda a personalização das práticas de desenvolvimento de *software* para diferentes projetos?
12. Descreva a função do quadro Kanban no gerenciamento do fluxo de trabalho de desenvolvimento de *software*.
13. Como o princípio de propriedade coletiva do código do Crystal pode melhorar a qualidade do *software*?
14. De que maneira as práticas *Lean* e Kanban podem ser combinadas para otimizar o desenvolvimento de *software*?
15. Explique como o Crystal promove a adaptabilidade do processo de desenvolvimento de *software*.
16. Como a eficiência operacional é melhorada pela aplicação de princípios *Lean* no desenvolvimento de *software*?
17. Discuta o impacto do *Lean* no gerenciamento de projetos de *software* e na satisfação do cliente.

18. Como os conceitos de *Lean* e Kanban ajudam na identificação e resolução de gargalos no processo de desenvolvimento?

19. Explique a relevância da automação (Jidoka) no contexto das metodologias ágeis de desenvolvimento de *software*.

20. Descreva como a mentalidade *Lean* e Kanban facilita a entrega rápida e eficiente de *software*.

Questões de Múltipla Escolha

1. O que o *Lean Software Development* visa eliminar?
    a. Flexibilidade no processo de desenvolvimento
    b. Desperdício (Muda)
    c. Colaboração entre a equipe
    d. Uso de tecnologia moderna

2. Qual é o objetivo principal do Kanban no desenvolvimento de *software*?
    a. Aumentar a quantidade de reuniões
    b. Reduzir a velocidade de entrega
    c. Melhorar a visibilidade do fluxo de trabalho
    d. Limitar a comunicação entre os membros da equipe

3. Qual dos seguintes é um princípio da metodologia Crystal?
    a. Evitar a comunicação com o cliente
    b. Adaptação do processo às necessidades do projeto
    c. Centralização das decisões
    d. Maximização da documentação

4. O que significa Kaizen em *Lean Software Development*?
   a. Adição constante de novas funcionalidades
   b. Melhoria contínua
   c. Desenvolvimento baseado em componentes
   d. Planejamento detalhado a longo prazo

5. Como o *Lean Software Development* vê as mudanças no requisito do projeto?
   a. Como inconvenientes que devem ser evitados
   b. Como oportunidades para melhorar e entregar valor ao cliente
   c. Como algo que deve ser fixado no início do projeto
   d. Como um risco que sempre leva a atrasos

6. No contexto do Kanban, o que é WIP?
   a. Work In Progress
   b. Weekly Improvement Plan
   c. Work Improvement Plan
   d. Weekly Integration Process

7. Qual é a característica distintiva da metodologia Crystal?
   a. Falta de estrutura e processos
   b. Enfoque único em programação em pares
   c. Ênfase em adaptabilidade e comunicação
   d. Utilização exclusiva de desenvolvimento orientado a testes

8. No *Lean*, o que Jidoka enfatiza?
   a. Automação com um toque humano
   b. Tecnologia de ponta
   c. Desenvolvimento em silos
   d. Centralização do processo de tomada de decisão

9. Qual das seguintes opções melhor descreve a prática do Kanban?
   a. Programação extrema
   b. Estimativa de ponto de função
   c. Visualização do fluxo de trabalho
   d. Testes automáticos contínuos

10. O que Just-In-Time significa no contexto do *Lean*?
    a. Produzir exatamente o necessário, no momento necessário
    b. Atrasar todas as decisões até o último momento possível
    c. Entregar o projeto inteiro no prazo final
    d. Realizar todas as reuniões na mesma hora

11. Como o Kaizen é aplicado no desenvolvimento de *software*?
    a. Por meio de revisões de código semanais
    b. Por meio de melhorias contínuas e incrementais no processo
    c. Implementando novas ferramentas de desenvolvimento a cada projeto
    d. Aumentando o número de testes automatizados a cada *sprint*

12. Qual é o papel do quadro Kanban no desenvolvimento de *software*?
    a. Rastrear o tempo gasto em tarefas individuais
    b. Mostrar a progressão das tarefas por meio do processo de desenvolvimento
    c. Armazenar documentação do projeto
    d. Limitar a comunicação direta na equipe

13. Qual destes é um benefício da metodologia Crystal?
    a. Processos prescritivos detalhados
    b. Flexibilidade para se adaptar ao tamanho e criticidade do projeto
    c. Estrita aderência a prazos fixos
    d. Enfoque em documentação extensiva

14. O que o princípio Eliminar Desperdício busca alcançar no *Lean*?
    a. Reduzir o tempo de reuniões
    b. Minimizar atividades que não agregam valor ao cliente
    c. Eliminar o uso de ferramentas de *software*
    d. Cortar custos de desenvolvimento indiscriminadamente

15. No Kanban, o que significa limitar o trabalho em progresso (WIP)?
    a. Trabalhar em tantas tarefas quanto possível ao mesmo tempo
    b. Manter o foco em uma tarefa de cada vez por membro da equipe
    c. Limitar o número de tarefas em cada etapa do fluxo de trabalho
    d. Aumentar a velocidade de desenvolvimento por meio do *multitasking*

16. Como o Empoderamento da Equipe é manifestado no *Lean*?
    a. Por meio da delegação de todas as decisões para a gerência
    b. Permitindo que a equipe defina seu próprio processo de trabalho
    c. Impondo estritas limitações ao escopo do projeto
    d. Designando um líder de equipe para tomar decisões

17. Qual a finalidade da Integridade do *Software* no Crystal?
   a. Garantir que o *software* seja desenvolvido com a máxima segurança possível
   b. Manter a coesão e a consistência do *design* do *software* ao longo do tempo
   c. Certificar que o *software* passe em todas as auditorias de código
   d. Assegurar que o *software* esteja livre de *bugs*

18. No *Lean*, o que Ver o Todo enfatiza?
   a. Focar apenas no desenvolvimento de funcionalidades individuais
   b. Considerar o projeto de *software* em sua totalidade para identificar oportunidades de melhoria
   c. Ignorar os detalhes do projeto em favor de uma visão mais ampla
   d. Concentrar-se exclusivamente na fase final do projeto

19. Qual é o resultado esperado da aplicação do Just-In-Time no desenvolvimento de *software*?
   a. Aumento nos estoques de recursos
   b. Melhoria na eficiência ao minimizar o desperdício de recursos
   c. Retardar o início do projeto até que todos os recursos estejam disponíveis
   d. Estender os prazos de entrega para acomodar mudanças de última hora

20. A metodologia Crystal é melhor aplicada a que tipo de projetos?
   a. Projetos que requerem uma abordagem rigorosamente estruturada
   b. Projetos pequenos com equipes reduzidas
   c. Projetos que necessitam de flexibilidade e adaptabilidade
   d. Projetos com requisitos e tecnologias bem definidos e imutáveis

6. DEVOPS, ÁGIL E *AGILE UNIFIED PROCESS* (AUP)

O mundo do desenvolvimento de *software* tem visto uma evolução significativa nas metodologias adotadas para melhorar a entrega desses produtos. Três conceitos-chave nesse cenário são DevOps, Métodos Ágeis e o *Agile Unified Process* (AUP). Cada um deles traz à tona práticas, ferramentas e filosofias distintas, focadas em acelerar e otimizar o desenvolvimento de *software*, mantendo alta qualidade e satisfação do cliente.

6.1 INTRODUÇÃO AO DEVOPS

O DevOps, uma contração de "Desenvolvimento" (Dev) e "Operações" (Ops), representa uma mudança transformadora na forma como as organizações de TI abordam o desenvolvimento e a entrega de *software*.

Figura 6.1: Representação do DevOps

Fonte: Gerado via DALL.E, 2024.

Mais do que uma metodologia específica, DevOps é uma cultura, um movimento que enfoca a integração e a comunicação contínua entre desenvolvedores de *software* e profissionais de TI responsáveis pelas operações. Seu principal objetivo é eliminar as barreiras tradicionais entre esses dois grupos, promovendo um ambiente de colaboração que acelera o ciclo de desenvolvimento de *software*, aumenta a eficiência e melhora a qualidade e a confiabilidade do produto final.

Origens e Evolução

O movimento DevOps surgiu no final dos anos 2000, impulsionado pela crescente demanda por agilidade nos processos de desenvolvimento e operação de *software*. As organizações começaram a perceber que os métodos tradicionais de desenvolvimento de *software*, que muitas vezes operavam em silos, eram incompatíveis com as expectativas de entrega rápida e adaptabilidade necessárias para competir em mercados cada vez mais dinâmicos. Inspirado por princípios ágeis, como *Lean* IT e práticas de gestão de qualidade total, o DevOps emergiu como uma resposta a essas demandas, enfatizando a importância da colaboração entre as equipes de desenvolvimento e operações (Loukides, 2012).

Princípios-chave do DevOps

Os princípios fundamentais do DevOps incluem automação, integração contínua (CI), entrega contínua (CD), monitoramento contínuo e *feedback* contínuo. A automação é crucial para a eficiência do DevOps, permitindo que tarefas repetitivas, como testes, integração e implantação, sejam realizadas com mínima intervenção humana. A CI e a CD garantem que o *software* possa ser desenvolvido, testado e liberado rapidamente, em ciclos curtos, permitindo uma resposta ágil às mudanças. O monitoramento contínuo e o *feedback* contínuo ajudam a identificar e resolver problemas rapidamente, além de alinhar o desenvolvimento de *software* às necessidades reais dos usuários (Humble; Farley, 2010).

Benefícios do DevOps

A adoção da cultura DevOps oferece vários benefícios, incluindo maior agilidade, melhor qualidade de produto, redução do tempo de colocação no mercado e maior satisfação do cliente. Ao promover a colaboração e integrar as operações de desenvolvimento e TI desde o início, as organizações podem reduzir significativamente os mal-entendidos e os retrabalhos, acelerando o processo de desenvolvimento. Além disso, a automação e o monitoramento contínuo aumentam a confiabilidade e a estabilidade dos sistemas em produção, enquanto o *feedback* contínuo garante que o produto final atenda às expectativas dos usuários.

Figura 6.2: Automação e monitoramento

Fonte: Gerado via DALL.E, 2024.

Desafios na Implementação

Apesar de seus benefícios, a implementação do DevOps pode apresentar desafios, como a necessidade de mudança cultural, a integração de ferramentas e tecnologias diversas e a formação de equipes multidisciplinares. A transição para uma cultura DevOps exige que as organizações superem a resistência interna à mudança, promovam a comunicação aberta e incentivem a colaboração entre departamentos anteriormente isolados.

6.2 INTEGRANDO DEVOPS COM PRÁTICAS ÁGEIS

A sinergia entre DevOps e Práticas Ágeis representa um avanço significativo na forma como o *software* é desenvolvido, testado e entregue. Ambas as abordagens visam otimizar o processo de desenvolvimento de *software*, embora por meios ligeiramente diferentes, com DevOps focando na automação e na colaboração entre desenvolvimento e operações, e métodos ágeis enfatizando a adaptabilidade e a entrega incremental.

Fundamentação da Integração

Integrar DevOps com práticas ágeis não apenas reforça o compromisso com a melhoria contínua e a entrega de valor, mas também cria um ambiente no qual a inovação pode prosperar. Essa integração facilita um ciclo de *feedback* mais rápido, tornando as equipes mais ágeis e capazes de responder às mudanças de requisitos com maior eficiência. A combinação de CI/CD com métodos ágeis, por exemplo, permite que as equipes de desenvolvimento e operações trabalhem mais estreitamente, reduzindo os silos e promovendo uma cultura de responsabilidade compartilhada pela qualidade do *software* e pela satisfação do cliente.

Papel das Ferramentas de Automação

Ferramentas de automação desempenham um papel crucial na integração do DevOps com práticas ágeis. A automação de processos de desenvolvimento, teste e implantação por meio de CI/CD elimina tarefas repetitivas e propensas a erros, liberando as equipes para se concentrarem em atividades de maior valor. Isso não só acelera o desenvolvimento e a entrega de novas funcionalidades, mas também aumenta a confiabilidade do *software* lançado. Além disso, o monitoramento contínuo proporciona *insights* valiosos sobre o desempenho do aplicativo em produção, permitindo ajustes proativos para manter a estabilidade e a performance.

Estratégias para uma Integração Eficaz

Para uma integração eficaz do DevOps com práticas ágeis, as organizações devem adotar uma abordagem holística que inclua:

- **Cultura de Colaboração**: encorajar uma cultura que valorize a comunicação aberta e a colaboração entre todas as equipes envolvidas no ciclo de vida do desenvolvimento de *software*;
- **Adaptação dos Processos**: ajustar processos existentes para incorporar práticas de DevOps e ágeis, garantindo que a automação, CI/CD e monitoramento contínuo sejam integrados de maneira efetiva;
- **Educação e Treinamento**: fornecer treinamento adequado para as equipes em ferramentas e práticas DevOps, bem como em metodologias ágeis, para garantir uma compreensão comum e a adoção bem-sucedida dessas abordagens;

- **Medição e Melhoria Contínua**: estabelecer métricas para avaliar o sucesso da integração de DevOps e práticas ágeis, utilizando esses dados para orientar a melhoria contínua dos processos.

A integração do DevOps com práticas ágeis representa um marco no desenvolvimento de *software*, oferecendo às organizações a capacidade de entregar produtos de alta qualidade de maneira mais rápida e eficiente. Ao combinar a automação e a colaboração do DevOps com a adaptabilidade e o foco no cliente das práticas ágeis, as equipes podem alcançar um desempenho superior, melhor alinhamento com os objetivos de negócios e maior satisfação do cliente.

6.3 FERRAMENTAS E TÉCNICAS COMUNS

No universo DevOps, a escolha de ferramentas e a aplicação de técnicas específicas são fundamentais para alcançar os objetivos de automação, eficiência e colaboração. A adoção de ferramentas de CI/CD, gestão de configuração, contêineres e orquestração de contêineres permite às equipes acelerarem o desenvolvimento, garantir a consistência entre os ambientes e melhorar a entrega de *software*. Vamos detalhar algumas dessas ferramentas e técnicas e como elas contribuem para o ecossistema DevOps.

Ferramentas de Integração Contínua e Entrega Contínua (CI/CD)

- **Jenkins**: uma ferramenta open-source de automação que oferece plugins para suportar a construção, implantação e automação de praticamente qualquer projeto de *software*.

Jenkins é amplamente reconhecida por sua capacidade de facilitar pipelines de CI/CD, permitindo aos desenvolvedores integrarem mudanças no código mais rapidamente e com menos erros;

- **Travis CI**: um serviço de integração contínua hospedado, usado para construir e testar projetos de *software* hospedados no GitHub. Travis CI automatiza o processo de teste de *software*, oferecendo um *feedback* rápido sobre as mudanças no código;
- **GitLab CI**: parte do ecossistema GitLab, oferece funcionalidades de CI/CD integradas à gestão do código fonte e ao versionamento. GitLab CI permite que as equipes definam pipelines de CI/CD como parte do repositório de código, facilitando a automação em todas as fases do desenvolvimento de *software*.

Ferramentas de Gerenciamento de Configuração e Automação

- **Ansible**: é uma ferramenta de automação de TI que permite a gestão de configurações e a automação de implantações de forma simples. Sua linguagem declarativa simplifica o processo de definição de tarefas, tornando-a acessível até para aqueles com pouca experiência em codificação;
- **Chef**: utiliza uma abordagem baseada em "receitas" para automação de infraestrutura, permitindo às equipes definirem explicitamente como os servidores e aplicações devem ser configurados e gerenciados;
- **Puppet**: foca na automação de configuração, permitindo a definição do estado desejado da infraestrutura, que o

Puppet então automatiza, garantindo que os sistemas sejam configurados de forma consistente e mantidos no estado desejado.

Contêineres e Orquestração de Contêineres

- **Docker:** uma plataforma de conteinerização que permite empacotar aplicações e suas dependências em contêineres, garantindo consistência em diversos ambientes de TI. Docker facilita o desenvolvimento, testes e implantação de aplicações ao oferecer um ambiente isolado e portátil;
- **Kubernetes:** um sistema de orquestração de contêineres para automatizar a implantação, escalabilidade e gerenciamento de aplicações conteinerizadas. Kubernetes oferece um *framework* para executar sistemas distribuídos resilientes, facilitando operações como escalonamento automático, balanceamento de carga e recuperação de falhas.

Essas ferramentas e técnicas são pilares do ecossistema DevOps, oferecendo às equipes a capacidade de automatizar tarefas tediosas, melhorar a eficiência dos processos de desenvolvimento e garantir entregas mais rápidas e confiáveis. A integração dessas soluções no ciclo de vida do desenvolvimento de *software* permite uma colaboração mais efetiva entre as equipes de desenvolvimento e operações, reforçando a cultura DevOps dentro das organizações.

6.4 ENTENDENDO E APLICANDO O *AGILE UNIFIED PROCESS*

O *Agile Unified Process* (AUP) representa uma síntese refinada entre as metodologias estruturadas e as práticas ágeis, visando uma abordagem mais balanceada e flexível no desenvolvimento de *software*. Desenvolvido por Scott Ambler, o AUP adapta o *Rational Unified Process* (RUP) – um *framework* robusto para o desenvolvimento de *software* – para alinhá-lo com os valores e princípios ágeis, como colaboração, simplicidade, *feedback* contínuo e capacidade de resposta às mudanças.

Fases do AUP

O AUP é estruturado em quatro fases distintas, cada uma com objetivos claros e atividades específicas, que se desdobram em iterações para garantir progresso contínuo e adaptabilidade:

a. **Iniciação**: essa fase foca no estabelecimento do escopo do projeto, na identificação dos *stakeholders* principais e na definição de uma visão inicial do sistema a ser desenvolvido. Aqui, a meta é definir o problema, entender as necessidades do cliente e delinear a proposta de valor do produto de *software*;
b. **Elaboração**: durante a elaboração, a equipe detalha os requisitos, desenvolve o modelo arquitetural do sistema e avalia possíveis riscos. Essa fase é crucial para o planejamento detalhado do projeto, assegurando que a arquitetura do sistema seja robusta, escalável e alinhada com os objetivos do negócio;
c. **Construção**: nessa fase, o foco é a implementação efetiva do produto de *software*. Práticas como desenvolvimento dirigido por testes (TDD) e programação em pares são enfatizadas para promover a qualidade

do código e a eficiência da equipe. A construção envolve a codificação, o teste e a integração contínua das funções, visando a geração de incrementos funcionais do *software*;

d. **Transição:** essa fase foca na entrega do *software* ao usuário final, abrangendo atividades como testes beta, correção de *bugs*, treinamento de usuários e, finalmente, a implantação do sistema no ambiente de produção. A transição assegura que o produto esteja pronto para sua função e que os usuários estejam preparados para adotá-lo efetivamente.

Princípios e Práticas do AUP

O AUP promove uma série de práticas ágeis para otimizar o processo de desenvolvimento, incluindo:

- **Desenvolvimento Dirigido por Testes (TDD):** encoraja a escrita de testes antes do código de produção, garantindo que o desenvolvimento esteja alinhado com os requisitos e promovendo uma base de código de alta qualidade;
- **Programação em Pares:** duas mentes trabalhando em conjunto no mesmo código para reduzir erros, melhorar a qualidade e fomentar a transferência de conhecimento dentro da equipe;
- **Integração Contínua (CI):** a implementação contínua de código no repositório principal, seguida por testes automáticos, permite identificar e corrigir rapidamente os problemas, mantendo a integridade do *software*.

O *Agile Unified Process* oferece um *framework* flexível e iterativo que equilibra as necessidades de estrutura e disciplina do desenvolvimento de *software* com a adaptabilidade e resposta rápida dos métodos ágeis. Por meio da aplicação do AUP, as organizações podem melhorar significativamente a velocidade, qualidade e eficiência do desenvolvimento de *software*, permanecendo ágeis e receptivas às mudanças dinâmicas do mercado e às demandas dos clientes.

LISTA DE EXERCÍCIOS DO CAPÍTULO 6

Exercícios Dissertativos

1. Explique o conceito de DevOps Ágil e sua importância no desenvolvimento de *software*.
2. Descreva o *Agile Unified Process* (AUP) e seu objetivo principal.
3. Como o DevOps Ágil melhora a colaboração entre as equipes de desenvolvimento e operações?
4. Discuta os benefícios da integração contínua no contexto do DevOps Ágil.
5. Explique o papel da entrega contínua no *Agile Unified Process* (AUP).
6. Como o monitoramento contínuo é implementado no DevOps Ágil e quais são seus benefícios?
7. Descreva o conceito de automação de testes no AUP e sua importância.
8. Explique como o *feedback* contínuo é incorporado no DevOps Ágil.
9. Discuta a importância da cultura de aprendizado contínuo no AUP.

10. Como a gestão de configuração é abordada no DevOps Ágil?

11. Descreva as práticas de segurança no desenvolvimento dentro do contexto do *Agile Unified Process*.

12. Explique o conceito de infraestrutura como código no DevOps Ágil.

13. Como o AUP aborda a adaptação e a flexibilidade no planejamento de projetos?

14. Discuta o impacto do DevOps Ágil na velocidade e qualidade da entrega de *software*.

15. Explique a integração de práticas sustentáveis no ciclo de vida do desenvolvimento no AUP.

16. Como a comunicação e colaboração são enfatizadas no DevOps Ágil?

17. Descreva o processo de gerenciamento de lançamentos no contexto do *Agile Unified Process*.

18. Explique a abordagem do DevOps Ágil para a gestão de falhas e a recuperação de desastres.

19. Discuta como o AUP promove a simplicidade no *design* e desenvolvimento de *software*.

20. Como o DevOps Ágil facilita a entrega de valor contínuo ao cliente?

Questões de Múltipla Escolha

1. O DevOps Ágil visa melhorar a colaboração entre quais equipes?
   a. Desenvolvimento e marketing
   b. Desenvolvimento e operações
   c. Marketing e vendas
   d. Operações e vendas

2. Qual é o objetivo principal do *Agile Unified Process* (AUP)?
   a. Fornecer uma abordagem rigorosa ao desenvolvimento de *software*
   b. Simplificar o desenvolvimento de *software* com práticas ágeis
   c. Eliminar todas as formas de documentação
   d. Centralizar o processo de tomada de decisão

3. Qual prática do DevOps Ágil ajuda a identificar problemas no código rapidamente?
   a. Planejamento de longo prazo
   b. Integração contínua
   c. Programação em pares
   d. Revisões semanais de desempenho

4. No contexto do AUP, o que significa "entrega contínua"?
   a. Entregar todo o projeto de uma vez no final
   b. Liberar pequenas atualizações de forma regular e frequente
   c. Continuar entregando documentação ao longo do projeto
   d. Desenvolver sem pausas ou interrupções

5. Qual é o benefício do monitoramento contínuo no DevOps Ágil?
   a. Redução de custos de marketing
   b. Melhoria na qualidade do produto final
   c. Aumento na quantidade de código produzido
   d. Diminuição da necessidade de testes

6. A automação de testes no AUP visa principalmente:
   a. Reduzir o tempo de desenvolvimento
   b. Aumentar a quantidade de testes manuais
   c. Substituir os testadores por máquinas
   d. Garantir a qualidade do *software* ao longo do desenvolvimento

7. No DevOps Ágil, o *feedback* contínuo é obtido de:
   a. Somente da equipe de desenvolvimento
   b. Somente dos gestores de projeto
   c. Clientes e usuários finais
   d. Auditorias externas

8. Como o AUP promove a cultura de aprendizado contínuo?
   a. Por meio de treinamentos obrigatórios anuais
   b. Encorajando a experimentação e a análise de falhas
   c. Limitando a introdução de novas tecnologias
   d. Focando exclusivamente no desenvolvimento de habilidades individuais

9. O que é valorizado na gestão de configuração no DevOps Ágil?
   a. Documentação extensiva de cada mudança
   b. Rápida reversão para versões anteriores em caso de falha
   c. Centralização do controle sobre as mudanças
   d. Eliminação total da gestão de configuração

10. No AUP, a segurança do desenvolvimento é:
   a. Ignorada em favor da velocidade de entrega
   b. Considerada apenas na fase final do projeto
   c. Integrada desde o início do processo de desenvolvimento
   d. Delegada a uma equipe externa após a conclusão do desenvolvimento

11. Infraestrutura como código no DevOps Ágil facilita:
   a. Maior dependência de hardware físico
   b. Gerenciamento e provisionamento automáticos de infraestrutura
   c. Desenvolvimento de *software* sem servidores
   d. Aumento do tempo de inatividade do sistema

12. O *Agile Unified Process* (AUP) é mais adequado para:
   a. Projetos com requisitos bem definidos e estáticos
   b. Projetos que requerem alta burocracia
   c. Projetos que necessitam de flexibilidade e práticas ágeis
   d. Projetos de curto prazo com equipes pequenas

13. A principal vantagem da integração contínua no DevOps Ágil é:
   a. Eliminar a necessidade de testes
   b. Reduzir conflitos de merge e detectar erros mais cedo
   c. Aumentar o tamanho das equipes de desenvolvimento
   d. Diminuir a comunicação entre desenvolvimento e operações

14. Qual é o resultado da entrega contínua no contexto do AUP?
    a. Redução na frequência de lançamentos
    b. Lançamentos maiores e complexos
    c. Entregas mais frequentes e incrementais do *software*
    d. Maior tempo entre as atualizações do *software*

15. A cultura de aprendizado contínuo no DevOps Ágil enfatiza:
    a. Competição entre membros da equipe
    b. Aprendizado a partir de sucessos e falhas para melhoria contínua
    c. Memorização de padrões de código
    d. Seguir processos sem questioná-los

16. A gestão de configuração no DevOps Ágil ajuda a:
    a. Aumentar a burocracia no processo de desenvolvimento
    b. Diminuir a transparência das mudanças no código
    c. Facilitar a reprodução de ambientes e a reversão de mudanças
    d. Centralizar as decisões de desenvolvimento

17. A segurança no desenvolvimento, conforme praticada no AUP, visa:
    a. Ser um processo separado do ciclo de vida de desenvolvimento
    b. Ser considerada em todas as fases do desenvolvimento
    c. Focar apenas em testes de penetração no final do ciclo
    d. Ser responsabilidade exclusiva do cliente

18. No DevOps Ágil, a infraestrutura como código contribui para:
    a. Redução na automação de processos
    b. Maior dificuldade na gestão de infraestrutura
    c. Melhoria na eficiência e na consistência operacional
    d. Aumento nos custos operacionais

19. Qual o impacto da integração contínua no DevOps Ágil sobre a equipe de desenvolvimento?
    a. Diminui a colaboração dentro da equipe
    b. Aumenta a carga de trabalho manual
    c. Melhora a colaboração e eficiência
    d. Reduz a necessidade de testes

20. A entrega contínua no AUP possibilita que as organizações:
    a. Posterguem indefinidamente os lançamentos de *software*
    b. Realizem lançamentos de *software* mais previsíveis e regulares
    c. Eliminem o *feedback* dos usuários do processo de desenvolvimento
    d. Concentrem-se exclusivamente no desenvolvimento de novas funcionalidades

7. GESTÃO DE PROJETOS ÁGEIS: FDD E DSDM

A gestão de projetos ágeis foca em flexibilidade, entrega contínua de valor e colaboração intensiva entre todas as partes interessadas. Nesse contexto, o *Feature-Driven Development* (FDD) e o *Dynamic Systems Development* Method (DSDM) emergem como metodologias ágeis proeminentes, cada uma com suas práticas e abordagens distintas para atender a esses objetivos.

7.1 PLANEJAMENTO E ESTIMATIVAS EM PROJETOS ÁGEIS

O planejamento e as estimativas em projetos ágeis diferem significativamente das abordagens tradicionais. A ênfase é colocada na flexibilidade e na capacidade de adaptação às mudanças, em vez de seguir um plano rígido. Métodos ágeis, como FDD e DSDM, utilizam iterações curtas e *feedback* contínuo para refinar o planejamento e as estimativas ao longo do projeto, permitindo que as equipes respondam rapidamente às mudanças nas necessidades dos clientes (Cohn, 2005).

7.2 MONITORAMENTO E CONTROLE DE PROGRESSO

O monitoramento e controle de progresso em ambientes ágeis constituem componentes essenciais para a gestão eficaz de projetos, garantindo que as equipes permaneçam alinhadas com os objetivos do projeto, enquanto se adaptam às mudanças no ambiente ou nas demandas do cliente. Essas práticas são fundamentais para manter a transparência, facilitar a comunicação e promover a melhoria contínua.

Reuniões Diárias (*Daily Stand-ups*)

Reuniões diárias, também conhecidas como *stand-ups*, são breves encontros em que cada membro da equipe compartilha progressos, planos para o dia e destaca quaisquer obstáculos que possam impedir o avanço do projeto. Essas reuniões incentivam a responsabilidade mútua, promovem a sincronização diária da equipe e identificam rapidamente questões que necessitam de atenção imediata, permitindo intervenções rápidas para resolver bloqueios.

Revisões de Iteração (*Sprint Reviews*)

Ao final de cada iteração ou *sprint*, as equipes realizam revisões de iteração, que são sessões de demonstração em que o trabalho concluído é apresentado aos *stakeholders*. Essas revisões proporcionam uma oportunidade valiosa para receber *feedback* direto dos clientes ou usuários finais, assegurando que o produto esteja se desenvolvendo na direção correta e que as funcionalidades entregues estejam alinhadas com as necessidades do cliente.

Retrospectivas

As retrospectivas são realizadas ao final de cada *sprint* ou iteração, com o objetivo de refletir sobre o processo e identificar áreas de melhoria. Durante essas sessões, a equipe discute o que funcionou, o que pode ser melhorado e quais ações podem ser tomadas para resolver problemas identificados. Essa prática é fundamental para a melhoria contínua, permitindo que a equipe ajuste seus métodos e práticas para aumentar a eficiência e a eficácia no próximo ciclo.

Ferramentas de Monitoramento e Controle

Além dessas práticas, diversas ferramentas de *software* são empregadas para apoiar o monitoramento e controle de progresso em projetos ágeis. Ferramentas de gestão, como Jira, Trello e Asana, permitem a visualização do progresso por meio de quadros Kanban ou Scrum, facilitando o rastreamento de tarefas, a priorização de trabalho e a identificação de gargalos. Além disso, ferramentas de integração e entrega contínua, como Jenkins e GitLab CI, automatizam o pipeline de desenvolvimento, proporcionando visibilidade contínua do estado do código e facilitando a identificação precoce de problemas de integração ou qualidade.

O monitoramento e controle eficazes de progresso são vitais para a gestão de projetos ágeis, permitindo que as equipes naveguem pela incerteza e complexidade do desenvolvimento de *software*, mantendo o foco na entrega de valor contínuo. Ao adotar práticas como reuniões diárias, revisões de iteração, retrospectivas e utilizar ferramentas de suporte, as equipes podem garantir alinhamento constante com os objetivos do projeto, responder prontamente aos *feedback*s e promover uma cultura de transparência e melhoria contínua.

7.3 COMUNICAÇÃO E COLABORAÇÃO EM EQUIPES ÁGEIS

A comunicação e colaboração em equipes ágeis não são apenas componentes essenciais, mas princípios fundamentais que impulsionam o sucesso dos projetos. Na era da informação e do trabalho distribuído, a capacidade de uma equipe se comunicar de forma eficiente e colaborar de maneira efetiva torna-se ainda mais crítica. As metodologias ágeis, como *Feature-Driven Development* (FDD) e *Dynamic Systems Development Method*

(DSDM), colocam uma forte ênfase na interação direta e na cooperação, reconhecendo que o valor humano e as interações são mais importantes do que processos e ferramentas rígidas.

Importância da Comunicação Face a Face

A comunicação face a face é considerada a forma mais rica e eficaz de interação, capaz de transmitir não apenas informações verbais, mas também não verbais, como tom de voz, linguagem corporal e emoções. Isso facilita a compreensão, a empatia e o estabelecimento de confiança entre os membros da equipe. O FDD e DSDM, assim como outras metodologias ágeis, incentivam reuniões presenciais regulares, como *stand-up*s diários, revisões de *sprint* e sessões de planejamento, para promover uma comunicação aberta e contínua.

Espaços de Trabalho Abertos

Ambientes de trabalho abertos são projetados para fomentar a colaboração e a comunicação espontânea entre os membros da equipe. Esses espaços reduzem as barreiras físicas e simbólicas à interação, facilitando o compartilhamento de ideias, a resolução de problemas em equipe e o apoio mútuo. A disposição física aberta ajuda a criar uma cultura de transparência e acessibilidade, elementos-chave para equipes ágeis.

Uso de Quadros de Tarefas Visuais

Quadros de tarefas visuais, como quadros Kanban ou Scrum, são ferramentas essenciais para equipes ágeis. Eles fornecem uma representação visual do fluxo de trabalho, status das tarefas, prioridades e dependências, facilitando o acompanhamento do progresso do projeto e a identificação de gargalos. A visualização do trabalho ajuda a manter todos os membros da equipe alinhados e focados nos objetivos compartilhados, além de promover a auto-organização e a responsabilidade compartilhada.

Ferramentas de Comunicação Online

Na era digital, as ferramentas de comunicação online desempenham um papel vital na facilitação da comunicação e colaboração, especialmente em equipes distribuídas geograficamente. Ferramentas como *Slack, Microsoft Teams* e Zoom permitem que as equipes mantenham uma comunicação contínua, realizem reuniões virtuais, compartilhem documentos e colaborem em tempo real, independentemente da localização física dos membros da equipe. Essas ferramentas ajudam a superar os desafios da distância, garantindo que a colaboração e a comunicação eficazes permaneçam no centro da cultura da equipe.

A comunicação e colaboração eficazes são a espinha dorsal das equipes ágeis, permitindo-lhes responder de maneira flexível e eficiente às mudanças, enquanto maximizam a entrega de valor. A adoção de práticas que promovem interações face a face, o uso de espaços de trabalho abertos e quadros de tarefas visuais, com o suporte de ferramentas de comunicação online, são fundamentais para sustentar a dinâmica colaborativa essencial para o sucesso dos projetos ágeis.

7.4 *FEATURE-DRIVEN DEVELOPMENT* (FDD) E SUAS PRÁTICAS

Feature-Driven Development (FDD) é uma metodologia ágil que se destaca pela sua abordagem estruturada e orientada a resultados no desenvolvimento de *software*. Concebida por Jeff De Luca em colaboração com Peter Coad no final dos anos 1990, o FDD incorpora práticas de modelagem e desenvolvimento orientadas a objetos, focando na entrega rápida e frequente de valor para o cliente por meio de *features* claramente definidas e úteis.

Processos Principais do FDD

O FDD se organiza em cinco processos principais, cada um com um objetivo específico dentro do ciclo de desenvolvimento, garantindo que as funcionalidades entregues estejam alinhadas com as necessidades do cliente e os objetivos do projeto.

a. **Desenvolvimento de um Modelo Global**: este processo envolve a criação de um modelo abrangente do domínio do projeto, geralmente por meio de sessões de modelagem orientada a objetos. O propósito é compreender o escopo total do sistema e identificar as principais áreas de funcionalidade, facilitando a comunicação entre desenvolvedores e *stakeholders* e fornecendo uma base sólida para o desenvolvimento subsequente;

b. **Criação de uma Lista de Features**: a partir do modelo global, uma lista detalhada de todas as funcionalidades desejadas (*features*) é desenvolvida. Cada *feature* é uma pequena, mas completa, porção de funcionalidade valorizada pelo cliente, que pode ser planejada, projetada, desenvolvida e testada em um curto período de tempo;

c. **Planejamento por Feature**: nessa etapa, as *features* identificadas são priorizadas e agendadas para desenvolvimento em iterações específicas, com base em seu valor para o cliente e em considerações técnicas. O planejamento por *feature* permite uma alocação eficiente de recursos e ajuda a garantir que as

funcionalidades mais críticas sejam desenvolvidas e entregues primeiro;
d. **Design por Feature**: antes do desenvolvimento de cada *feature*, uma sessão de *design* é realizada para detalhar a implementação necessária. Isso inclui a definição de tarefas de programação específicas e a identificação de qualquer classe ou método que precise ser criado ou modificado. O *design* por *feature* promove a clareza e a eficiência no desenvolvimento;
e. **Construção por Feature**: por fim, cada *feature* é construída por uma pequena equipe ou até mesmo por um único desenvolvedor, seguindo as especificações definidas na etapa de *design*. A construção inclui o desenvolvimento, teste e integração da *feature* no sistema principal. A sua conclusão é marcada pela passagem de todos os testes e pela aceitação do cliente.

Princípios e Benefícios do FDD

O FDD promove várias práticas ágeis, incluindo integração contínua, construção de *software* em incrementos regulares e colaboração estreita entre desenvolvedores e clientes. Essas práticas asseguram entregas frequentes de partes funcionais do *software*, permitindo um *feedback* rápido do cliente e ajustes rápidos à medida que o projeto progride.

Um dos principais benefícios do FDD é a sua capacidade de fornecer visibilidade clara do progresso do projeto por meio de relatórios de status baseados na conclusão das *features*. Isso facilita a comunicação efetiva com *stakeholders* e a tomada de decisão informada sobre o andamento do projeto.

7.5 DYNAMIC SYSTEMS *DEVELOPMENT* METHOD (DSDM) E GESTÃO ÁGIL

O *Dynamic Systems Development* Method (DSDM) representa um marco fundamental no mundo das metodologias ágeis, oferecendo uma estrutura robusta que equilibra de maneira eficaz a gestão de projetos e o desenvolvimento iterativo para entregar soluções de *software* de forma rápida e eficiente. Esse método se distingue por seu compromisso firme com a colaboração intensiva entre todas as partes interessadas, a importância concedida aos prazos, e a priorização da qualidade do produto final.

Um dos princípios fundamentais do DSDM é a adoção do conceito de "suficientemente bom", que se alinha com a ideia de que a entrega oportuna de funcionalidades cruciais não precisa ser perfeita, mas deve atender aos requisitos essenciais que agregam valor ao negócio. Essa abordagem permite que as equipes se concentrem nos aspectos do projeto que proporcionam o maior retorno sobre o investimento, garantindo assim que os recursos mais importantes sejam desenvolvidos e entregues dentro dos prazos acordados. Esse foco na entrega de valor em vez de perseguir a perfeição absoluta ajuda a manter o projeto ágil e adaptável às mudanças inesperadas, que são comuns em ambientes de desenvolvimento de *software* dinâmicos.

Além disso, o DSDM enfatiza a importância da comunicação e colaboração contínuas entre desenvolvedores, gerentes de projeto, usuários finais e outras partes interessadas.

Figura 7.1: Colaboração em Equipe

Fonte: Gerado via DALL.E, 2024.

Essa ênfase na interação direta e no *feedback* contínuo assegura que todos os envolvidos estejam alinhados com os objetivos do projeto, as prioridades e o progresso, facilitando assim a identificação e resolução rápida de problemas, bem como a adaptação a novas informações ou requisitos que possam surgir durante o ciclo de vida do projeto.

A estrutura do DSDM inclui várias fases que cobrem desde a concepção do projeto até a sua entrega e manutenção, proporcionando um guia claro para o desenvolvimento de *software*. Essas fases garantem que os projetos sejam entregues de maneira eficiente, mantendo a flexibilidade para incorporar mudanças sem comprometer a qualidade ou os prazos. Além disso, o DSDM incorpora práticas de gestão de projetos ágeis, como *sprint*s ou iterações, revisões regulares e retrospectivas, que ajudam a otimizar o processo de desenvolvimento e garantir a melhoria contínua.

Em resumo, o Dynamic Systems *Development* Method é uma abordagem poderosa para o desenvolvimento de *software* que equilibra habilmente os requisitos de entrega rápida com a necessidade de flexibilidade e alta qualidade. Ao integrar princípios de gestão de projetos ágeis com um foco inabalável na colaboração e no comprometimento das partes interessadas, o DSDM oferece uma metodologia comprovada que pode ser adaptada a uma ampla variedade de projetos de *software*, garantindo resultados eficazes e eficientes. (Stapleton, 1997).

LISTA DE EXERCÍCIOS DO CAPÍTULO 7

Questões Dissertativas

1. Explique a diferença entre *Feature-Driven Development* (FDD) e *Dynamic Systems Development Method* (DSDM).
2. Descreva o conceito de planejamento adaptativo no contexto de projetos ágeis.
3. Como o FDD aborda a qualidade do *software*?
4. Explique o papel dos *sprint*s ou iterações no DSDM.
5. Quais são os principais benefícios da utilização do FDD em projetos grandes?
6. Como o DSDM assegura a entrega contínua de valor?
7. Descreva a abordagem do FDD para a construção de equipes.
8. Explique o conceito de priorização baseada no negócio no DSDM.

9. Como o FDD facilita a colaboração cliente-desenvolvedor?
10. De que maneira o DSDM integra testes ao longo do ciclo de vida do projeto?
11. Explique a importância das revisões regulares de progresso no FDD.
12. Como o DSDM trata as mudanças de requisitos durante o projeto?
13. Descreva a estratégia do FDD para o gerenciamento de projetos complexos.
14. Quais são as práticas recomendadas para o monitoramento e controle de progresso no DSDM?
15. Como o FDD promove a transparência e a comunicação efetiva?
16. Explique a abordagem do DSDM para a gestão de riscos.
17. De que maneira o FDD ajuda a melhorar a previsibilidade do projeto?
18. Como o DSDM facilita a adaptação às mudanças de última hora?
19. Descreva a importância do envolvimento do cliente no FDD.
20. Explique como o DSDM prioriza as funcionalidades do *software* baseando-se no valor de negócio.

Questões de Múltipla Escolha

1. Qual metodologia enfoca o desenvolvimento orientado por recursos específicos?
   a. Scrum
   b. FDD
   c. DSDM
   d. Kanban

2. O que caracteriza o planejamento adaptativo em projetos ágeis?
   a. Rígidos planos de longo prazo
   b. Flexibilidade e resposta rápida às mudanças
   c. Total ausência de planejamento
   d. Planejamento baseado unicamente em estimativas iniciais

3. Como o FDD promove a qualidade do *software*?
   a. Ignorando revisões de código
   b. Limitando testes ao final do ciclo de desenvolvimento
   c. Por meio de inspeções regulares de código e revisões de *design*
   d. Adotando uma abordagem "testar depois de desenvolver"

4. Qual é o papel das iterações no DSDM?
   a. Funcionar como pausas entre etapas de desenvolvimento
   b. Definir requisitos estáticos para o projeto
   c. Facilitar entregas frequentes e revisões do produto
   d. Centralizar a documentação do projeto

5. Quais são os benefícios de utilizar FDD em projetos grandes?
   a. Desenvolvimento mais lento e burocrático
   b. Clareza de objetivos e modularidade do desenvolvimento
   c. Maior dependência de ferramentas de gestão
   d. Aumento do risco e da incerteza

6. Como o DSDM garante a entrega contínua de valor?
   a. Priorizando a documentação sobre o desenvolvimento
   b. Ignorando o *feedback* dos clientes
   c. Por meio de *sprints* curtos e revisões iterativas
   d. Limitando a colaboração entre as equipes

7. Qual é a estratégia do FDD para construir equipes?
   a. Promovendo isolamento dos membros da equipe
   b. Evitando definições claras de papéis e responsabilidades
   c. Formando equipes multidisciplinares com papéis bem definidos
   d. Centralizando decisões no líder de projeto

8. No DSDM, o que significa priorização baseada no negócio?
   a. Ignorar completamente o valor de negócio
   b. Decidir prioridades com base no custo mais baixo
   c. Classificar funcionalidades pelo seu impacto no negócio
   d. Delegar decisões de priorização a *stakeholders* externos

9. No FDD, como a colaboração cliente-desenvolvedor é facilitada?
   a. Por meio da exclusão do cliente do processo de desenvolvimento
   b. Limitando o *feedback* do cliente a fases específicas
   c. Por meio de reuniões frequentes de planejamento e demonstrações
   d. Enfatizando a documentação em detrimento da comunicação

10. Como o DSDM integra testes ao longo do ciclo de vida do projeto?
    a. Postergando testes até a fase final
    b. Conduzindo testes apenas em componentes críticos
    c. Integrando testes desde o início e continuamente
    d. Realizando testes somente após a conclusão do desenvolvimento

11. Qual a importância das revisões regulares de progresso no FDD?
    a. São consideradas desnecessárias e evitadas
    b. Permitem ajustes baseados em *feedback*, assegurando alinhamento
    c. Focam exclusivamente em revisar a documentação do projeto
    d. Destinam-se a penalizar membros da equipe por atrasos

12. No DSDM, como as mudanças de requisitos são tratadas?
    a. São estritamente proibidas após a fase inicial
    b. Incorporadas por meio de planejamento iterativo e flexível
    c. Somente permitidas com aprovação unânime da equipe
    d. Todas as mudanças são automaticamente rejeitadas

13. Qual é a estratégia do FDD para gerenciar projetos complexos?
    a. Adotando uma abordagem totalmente ad hoc
    b. Usando modelagem e planejamento detalhados
    c. Ignorando complexidade em favor da simplicidade
    d. Delegando complexidade a subequipes autônomas

14. Como o DSDM recomenda monitorar e controlar o progresso?
    a. Por meio de atualizações mensais por e-mail
    b. Usando quadros de progresso visíveis e reuniões iterativas
    c. Evitando qualquer forma de monitoramento
    d. Concentrando-se em relatórios financeiros detalhados

15. No FDD, como a transparência e a comunicação efetiva são promovidas?
    a. Mantendo informações estritamente confidenciais
    b. Documentando exaustivamente todas as decisões
    c. Por meio da documentação clara de recursos e progresso visível
    d. Limitando a comunicação a membros seniores da equipe

16. Qual é a abordagem do DSDM para a gestão de riscos?
    a. Ignorar riscos até que se tornem problemas
    b. Avaliar e incorporar soluções para riscos potenciais desde o início
    c. Transferir todos os riscos para um terceiro
    d. Concentrar-se exclusivamente em riscos financeiros

17. Como o FDD ajuda a melhorar a previsibilidade do projeto?
    a. Evitando qualquer forma de estimativa
    b. Baseando-se exclusivamente em experiências passadas sem ajustes
    c. Por meio de estimativas baseadas em experiências e revisões constantes
    d. Implementando mudanças aleatórias no plano de projeto

18. Como o DSDM facilita a adaptação às mudanças de última hora?
    a. Proibindo alterações nos requisitos nas fases finais
    b. Permitindo flexibilidade por meio de sua estrutura iterativa
    c. Requerendo aprovação extensiva para qualquer mudança
    d. Aumentando o escopo automaticamente para incluir novas mudanças

19. No FDD, qual é a importância do envolvimento do cliente?
    a. É visto como uma interrupção e, portanto, minimizado
    b. É crucial para definir requisitos claros e validar funcionalidades
    c. Limitado a fases iniciais de concepção do projeto
    d. Delegado a representantes sem conhecimento técnico

20. Como o DSDM prioriza as funcionalidades do *software*?
    a. Com base no nível de dificuldade técnica
    b. De acordo com a disponibilidade dos desenvolvedores
    c. Baseando-se no valor de negócio e impacto
    d. Seguindo uma ordem alfabética para simplificar o processo

8. *DESIGN THINKING* E ÁGIL

Design Thinking e Ágil representam duas abordagens complementares no desenvolvimento de produtos e serviços que enfatizam a inovação, a adaptabilidade e a satisfação do cliente. Este capítulo explora como a integração do *Design Thinking* com metodologias ágeis pode potencializar a entrega de soluções mais efetivas e alinhadas às necessidades reais dos usuários.

8.1 FUNDAMENTOS DO *DESIGN THINKING*

Design Thinking é uma metodologia inovadora e centrada no ser humano que se destina a abordar e resolver problemas complexos de forma criativa e eficaz.

Figura 8.1: A inovação exteriorizada

Fonte: Gerado via DALL.E, 2024.

Esse processo é fundamentado na empatia profunda pelos usuários, buscando entender suas necessidades, desejos e experiências de vida. Tim Brown, CEO da IDEO, uma das mais influentes consultorias de *design* do mundo, articula o conceito de *Design Thinking* como "uma abordagem centrada na inovação humana que enfatiza a observação, a colaboração, o aprendizado rápido, a visualização de ideias, o protótipo rápido, e a experimentação contínua" (Brown, 2008). A essência dessa definição repousa na ideia de que qualquer problema, não importa quão complexo seja, pode ser abordado de maneira inovadora se visto por meio da lente do usuário final.

O processo de *Design Thinking* é delineado em cinco fases essenciais:

    a. **Empatia**: essa fase envolve imergir no ambiente e nas experiências dos usuários para entender seus comportamentos, necessidades, e desafios de uma perspectiva interna. Ferramentas como entrevistas, observações e jornadas do usuário são utilizadas para colher *insights* profundos;

    b. **Definição**: após a coleta de informações na fase de empatia, os *design*ers sintetizam os dados para definir os problemas centrais. Essa etapa é essencial para identificar claramente o desafio a ser resolvido, formulado sempre do ponto de vista do usuário;

    c. **Ideação**: com um entendimento claro do problema, a fase de ideação estimula a geração de ideias. Sessões de *brainstorming*, *sketching* e outras técnicas criativas são empregadas para explorar uma ampla gama de soluções possíveis, incentivando a pensar fora da caixa;

    d. **Prototipagem**: ideias selecionadas na fase de ideação são transformadas em protótipos tangíveis. Essa etapa permite que os conceitos se tornem palpáveis, facilitando a análise e o entendimento de como as soluções propostas funcionariam na prática;

e. **Teste**: os protótipos são então testados com usuários reais, proporcionando *feedback* valioso sobre a eficácia das soluções. Essa fase é iterativa, com o *feedback* sendo usado para refinar e ajustar as soluções até que atendam às necessidades dos usuários de maneira ótima.

A metodologia do *Design Thinking* coloca uma grande ênfase na colaboração multidisciplinar, reunindo pessoas de diferentes áreas de conhecimento para trazer uma diversidade de perspectivas ao processo de resolução de problemas. Além disso, o *Design Thinking* não é linear, trata-se de um processo iterativo que permite voltar a etapas anteriores conforme necessário, baseando-se em aprendizados contínuos e *feedback* dos usuários para refinamento das soluções.

Por meio dessa abordagem iterativa, empática e colaborativa, o *Design Thinking* possibilita o desenvolvimento de soluções inovadoras que são profundamente alinhadas com as reais necessidades e desejos dos usuários. Em suma, o *Design Thinking* não é apenas um conjunto de etapas a serem seguidas, mas uma filosofia e prática que coloca as pessoas no coração do processo de *design*, garantindo que as soluções sejam não apenas viáveis e factíveis, mas também desejáveis.

8.2 INTEGRANDO *DESIGN THINKING* COM METODOLOGIAS ÁGEIS

A integração do *Design Thinking* com metodologias ágeis representa uma evolução significativa na forma como os produtos são desenvolvidos, combinando o foco no ser humano do *Design Thinking* com a rapidez e flexibilidade das metodologias ágeis. Essa abordagem híbrida facilita um ambiente em que a inovação é constante e a adaptação às mudanças é fluida, criando produtos que não apenas atendem às necessidades do mercado, mas também entregam experiências excepcionais aos usuários.

As metodologias ágeis, tais como Scrum e *Extreme Programming* (XP), são caracterizadas por seu ciclo de desenvolvimento iterativo e incremental, que promovem a entrega contínua de valor. Ao aplicar o *Design Thinking* dentro desse contexto ágil, as equipes são capacitadas a explorar profundamente as necessidades dos usuários e a experimentar soluções de forma rápida e eficiente. Esse processo começa com a empatia e a compreensão profunda dos desafios enfrentados pelos usuários, seguindo para a ideação e prototipagem rápidas, antes de entrar nos ciclos ágeis de desenvolvimento e teste.

Jeff Gothelf e Josh Seiden, no livro *Lean UX: Applying Lean Principles to Improve User Experience* (2013), destacam como a incorporação de princípios *Lean* e *Design Thinking* em *frameworks* ágeis permite uma sinergia poderosa entre as equipes de *design* e desenvolvimento. Essa sinergia é fundamental para garantir que a visão do produto seja continuamente refinada e validada em contato direto com os usuários finais. A abordagem *Lean* UX enfatiza a importância de construir uma cultura de aprendizado contínuo, em que as hipóteses sobre as necessidades dos usuários e a eficácia das soluções propostas são constantemente testadas e ajustadas.

Essa integração não apenas acelera o ciclo de *feedback*, mas também assegura que o desenvolvimento do produto esteja alinhado com as expectativas do mercado e com as necessidades reais dos usuários. Além disso, essa abordagem promove uma colaboração mais estreita entre as disciplinas, rompendo silos e fomentando um ambiente em que a inovação é fruto do trabalho conjunto de toda a equipe.

A prática de integrar *Design Thinking* e metodologias ágeis também ressalta a importância da flexibilidade e da capacidade de adaptação. Em um mundo onde as necessidades dos usuários e as condições de mercado estão em constante evolução, a habilidade de iterar rapidamente e de responder aos *insights* emergentes é crucial para o sucesso do produto. Essa abordagem holística ao desenvolvimento de produtos garante que as soluções finais não sejam apenas tecnicamente viáveis e entregues de maneira eficiente, mas que também sejam profundamente desejadas pelos usuários, criando uma conexão mais forte e duradoura entre o produto e seu público.

Em resumo, a integração do *Design Thinking* com metodologias ágeis oferece um caminho promissor para o desenvolvimento de produtos inovadores e centrados no usuário. Por meio dessa fusão, as equipes podem navegar com mais eficácia no complexo ecossistema de desenvolvimento de produtos, entregando soluções que não só resolvem problemas reais, mas também encantam e inspiram os usuários finais.

8.3 ESTUDOS DE CASO E APLICAÇÕES PRÁTICAS

A aplicação do *Design Thinking* em conjunto com metodologias ágeis no desenvolvimento de produtos tem demonstrado impactos significativos em diversas organizações, impulsionando a inovação, a eficiência operacional e a satisfação do cliente. Dois exemplos emblemáticos dessa integração são os casos da IBM e da Airbnb.

IBM: Revitalização Por meio do *Design Thinking*

A IBM, uma gigante no setor de tecnologia, implementou o *Design Thinking* em larga escala como parte de sua estratégia para rejuvenescer seus processos de desenvolvimento de *software*. Essa abordagem centrada no usuário ajudou a empresa a navegar complexidades de projetos de grande escala, permitindo uma maior colaboração entre equipes e uma resposta mais rápida às necessidades do mercado. Jeanne Liedtka, em seu trabalho sobre práticas inovadoras no desenvolvimento de produtos, destaca como o *Design Thinking* possibilitou à IBM "melhorar significativamente a satisfação do cliente e a eficiência operacional" (Liedtka, 2015). Esse caso exemplifica como a abordagem empática e iterativa do *Design Thinking* pode ser integrada em organizações de grande porte para impulsionar a inovação e aperfeiçoar a entrega de soluções tecnológicas.

Airbnb: Transformação e Crescimento por meio do Design Thinking

A Airbnb, por sua vez, utilizou o *Design Thinking* para transformar completamente a experiência do usuário em sua plataforma, um movimento que foi fundamental para o sucesso e crescimento exponencial da empresa. Jon Kolko, em sua análise sobre a aplicação do *Design Thinking* em ambientes de negócios, ressalta como a Airbnb "reimaginou a experiência de hospedagem, centrando-se profundamente nas necessidades e desejos de seus usuários" (Kolko, 2015). Essa abordagem não apenas resolveu problemas de usabilidade existentes, mas também ajudou a criar uma experiência de usuário altamente personalizada e envolvente, contribuindo significativamente para a fidelização de clientes e a expansão do mercado da empresa.

A integração do *Design Thinking* com metodologias ágeis, conforme demonstrado pelos casos da IBM e da Airbnb, cria um poderoso ecossistema para o desenvolvimento de produtos. Essa combinação promove não apenas uma cultura de inovação contínua e melhoria iterativa, mas também garante que as soluções desenvolvidas sejam tecnicamente viáveis e profundamente alinhadas às necessidades reais dos usuários. Tal abordagem facilita a adaptação rápida às mudanças no mercado e impulsiona o desenvolvimento de produtos e serviços que verdadeiramente ressoam com o público-alvo, estabelecendo uma base sólida para o sucesso e o crescimento a longo prazo.

LISTA DE EXERCÍCIOS DO CAPÍTULO 8

Questões Dissertativas

1. Explique como o *Design Thinking* complementa as metodologias ágeis no desenvolvimento de *software*.
2. Descreva os fundamentos do *Design Thinking* e sua importância no processo criativo.
3. Como o *Design Thinking* pode ser aplicado para melhorar a experiência do usuário em projetos ágeis?
4. Explique a abordagem centrada no ser humano do *Design Thinking*.
5. De que maneira a integração do *Design Thinking* com o ágil pode acelerar a inovação?
6. Discuta como o *Design Thinking* pode ajudar no desenvolvimento de produtos mais alinhados às necessidades reais dos usuários.
7. Como o processo iterativo do *Design Thinking* se alinha com os princípios ágeis?

8. Explique o papel da empatia no *Design Thinking* dentro de um contexto ágil.

9. Descreva um processo em que o *Design Thinking* foi fundamental para resolver um problema complexo em um projeto ágil.

10. Como a prototipação rápida no *Design Thinking* pode beneficiar equipes ágeis?

11. Explique como o *feedback* dos usuários é incorporado no processo de *Design Thinking* em projetos ágeis.

12. Discuta a importância da colaboração multidisciplinar no *Design Thinking* aplicado ao ágil.

13. Como o *Design Thinking* incentiva a experimentação e a aceitação do fracasso como parte do processo de aprendizado em ambientes ágeis?

14. De que maneira o *Design Thinking* pode ajudar a definir o escopo do produto em projetos ágeis?

15. Explique como o *Design Thinking* influencia a tomada de decisões em equipes ágeis.

16. Descreva o impacto do *Design Thinking* na satisfação do cliente em projetos ágeis.

17. Como o *Design Thinking* facilita a adaptação rápida às mudanças no desenvolvimento ágil de produtos?

18. Explique a importância da visualização de ideias no processo de *Design Thinking* em um ambiente ágil.

19. Discuta os desafios de integrar o *Design Thinking* em equipes ágeis já estabelecidas.

20. Como a abordagem do *Design Thinking* pode ser utilizada para melhorar a comunicação interna e externa em projetos ágeis?

Questões de Múltipla Escolha

1. Qual abordagem foca na solução de problemas com uma perspectiva centrada no ser humano?
   a. Scrum
   b. Kanban
   c. *Design Thinking*
   d. FDD

2. O *Design Thinking* no desenvolvimento ágil ajuda principalmente a:
   a. Reduzir custos de desenvolvimento
   b. Acelerar o processo de codificação
   c. Melhorar a experiência do usuário
   d. Aumentar a quantidade de reuniões

3. Qual dos seguintes é um princípio fundamental do *Design Thinking*?
   a. Documentação extensa
   b. Empatia com os usuários
   c. Adoção de tecnologias emergentes
   d. Aumento de entregas

4. A integração de *Design Thinking* e métodos ágeis visa:
   a. Diminuir a interação com o cliente
   b. Focar exclusivamente no desenvolvimento técnico
   c. Promover inovação e entrega de valor ao cliente
   d. Eliminar a necessidade de prototipação

5. Como o *Design Thinking* influencia o processo de ideação em projetos ágeis?
   a. Limitando as ideias àquelas imediatamente realizáveis
   b. Encorajando a geração de ideias diversificadas e criativas
   c. Focando apenas nas ideias sugeridas pelo cliente
   d. Priorizando o desenvolvimento rápido em detrimento da qualidade

6. Qual etapa é essencial no processo de *Design Thinking* para entender as necessidades dos usuários?
   a. *Brainstorming*
   b. Prototipação
   c. Análise de dados
   d. Pesquisa e empatia

7. A prototipação rápida no *Design Thinking* é usada para:
   a. Finalizar o produto antes do teste
   b. Testar e refinar conceitos com *feedback* real dos usuários
   c. Evitar alterações no *design* após o início do desenvolvimento
   d. Substituir a necessidade de desenvolvimento ágil

8. Qual aspecto do *Design Thinking* pode ser desafiador ao integrar com metodologias ágeis?
   a. A rapidez do processo
   b. A natureza iterativa e incremental
   c. A necessidade de compreensão profunda antes da solução
   d. O foco em tecnologia

9. No contexto ágil, a empatia no *Design Thinking* ajuda a:
   a. Reduzir o tempo gasto em pesquisa
   b. Criar produtos mais alinhados com as expectativas dos desenvolvedores
   c. Desenvolver soluções que realmente atendam às necessidades dos usuários
   d. Ignorar *feedback* externo para acelerar o lançamento do produto

10. O *feedback* dos usuários no processo de *Design Thinking* é importante porque:
    a. Elimina a necessidade de testes de usabilidade
    b. Permite a correção de erros técnicos exclusivamente
    c. Informa a iteração do produto para melhor alinhamento com as necessidades do usuário
    d. Diminui a interação com o cliente após o lançamento do produto

11. Qual é o resultado esperado da integração do *Design Thinking* com práticas ágeis?
    a. Produtos com menor qualidade, mas desenvolvidos mais rapidamente
    b. Soluções inovadoras que atendem efetivamente às necessidades dos usuários
    c. Projetos com ciclos de desenvolvimento significativamente mais longos
    d. Aumento da burocracia e redução da eficiência

12. A experimentação no *Design Thinking* é valorizada porque:
    a. Reduz a importância do planejamento.
    b. Encoraja a aceitação do fracasso como parte do aprendizado.
    c. Elimina todas as formas de risco.
    d. Garante a perfeição no primeiro lançamento do produto.

13. Como a prototipação rápida beneficia o desenvolvimento ágil?
    a. Prolongando as fases de teste e correção
    b. Permitindo testes e ajustes baseados no *feedback* do usuário antes da implementação final
    c. Evitando a necessidade de *feedback* do cliente
    d. Focando no desenvolvimento de documentação detalhada

14. A abordagem centrada no ser humano do *Design Thinking* ajuda a equipe ágil a:
    a. Evitar mudanças no escopo do projeto
    b. Concentrar-se apenas na entrega de funcionalidades técnicas
    c. Entender e resolver problemas reais dos usuários
    d. Reduzir a comunicação com *stakeholders*

15. Qual dos seguintes melhor descreve a colaboração multidisciplinar no *Design Thinking*?
    a. Trabalho em silos para aumentar a eficiência
    b. Reuniões diárias obrigatórias com toda a organização
    c. Equipes com diversas habilidades colaborando para inovar e resolver problemas
    d. Desenvolvimento independente sem interação entre as disciplinas

16. O processo iterativo do *Design Thinking* se alinha com os princípios ágeis por:
    a. Evitar completamente qualquer forma de iteração
    b. Permitir a adaptação e refinamento contínuos baseados em *feedback* real
    c. Seguir um plano fixo sem desvios
    d. Limitar o envolvimento do cliente ao início do projeto

17. A importância da visualização de ideias no *Design Thinking* reside em:
    a. Substituir completamente a necessidade de comunicação verbal
    b. Facilitar a compreensão compartilhada e alinhamento entre a equipe e *stakeholders*
    c. Criar documentação complexa do projeto
    d. Evitar o *feedback* dos usuários

18. Integrar *Design Thinking* em equipes ágeis estabelecidas pode ser desafiador devido a:
    a. A facilidade e rapidez de adoção
    b. A resistência à mudança e à necessidade de repensar abordagens
    c. A ausência de desafios no processo.
    d. A redução automática dos custos de desenvolvimento

19. A abordagem do *Design Thinking* melhora a comunicação interna e externa ao:
    a. Diminuir a frequência das interações
    b. Promover a clareza e o entendimento mútuo dos objetivos e soluções
    c. Centralizar a comunicação em um único membro da equipe
    d. Utilizar jargões técnicos exclusivamente

20. O *Design Thinking* no ambiente ágil é desafiador principalmente por:
   a. Simplificar excessivamente os processos de desenvolvimento
   b. Focar demais em detalhes técnicos
   c. Necessitar de uma compreensão profunda e empatia antes de avançar para soluções
   d. Encorajar decisões rápidas sem reflexão adequada

9. TESTES E QUALIDADE EM AMBIENTES ÁGEIS: FOCO EM TDD

Este capítulo dedicado aos Testes e Qualidade em Ambientes Ágeis: Foco em TDD desdobra-se em um exame detalhado das práticas e estratégias que constituem a espinha dorsal da garantia de qualidade no contexto do desenvolvimento ágil de *software*, com uma ênfase particular no *Test-Driven Development* (TDD).

Figura 9.1: Ambiente de Testes TDD

Fonte: Gerado via DALL.E, 2024.

Essa abordagem coloca os testes no centro do processo de desenvolvimento, assegurando que o código não apenas funcione conforme esperado, mas também que seja de alta qualidade desde a concepção.

9.1 TESTES ÁGEIS: ESTRATÉGIAS E PRÁTICAS

No âmbito do desenvolvimento ágil, a adaptabilidade e a capacidade de responder rapidamente às mudanças são fundamentais. Consequentemente, os testes ágeis são desenhados para refletir e reforçar esses valores, incorporando práticas que facilitam uma avaliação contínua e eficiente da qualidade do *software*. As estratégias de testes ágeis se distanciam dos métodos tradicionais, priorizando a flexibilidade, a colaboração entre as equipes e a entrega contínua de valor para o usuário final. Três estratégias principais destacam-se por sua eficácia e alinhamento com os princípios ágeis:

1. **Testes de Aceitação do Usuário (UAT)**: esta abordagem envolve os usuários finais no processo de teste para assegurar que o *software* atenda às suas necessidades e expectativas reais;

Figura 9.2: Modelo descrito por Lisa Crispin e Janet Gregory

Fonte: Gerado via DALL.E, 2024.

Lisa Crispin e Janet Gregory, em *Agile Testing: A Practical Guide for Testers and Agile Teams* (2009), enfatizam a importância dos UATs como um meio de obter *feedback* direto dos usuários, permitindo ajustes rápidos e garantindo que o produto final seja verdadeiramente valioso para quem o utiliza.

2. **Testes Exploratórios:** essa prática promove a descoberta de falhas por meio da exploração ativa e criativa do *software* sem seguir um script predeterminado;

Figura 9.3: Representação dos Testes Exploratórios

Fonte: Gerado via DALL.E, 2024.

James A. Whittaker, em *Exploratory Software Testing: Tips, Tricks, Tours, and Techniques to Guide Test Design* (2009), destaca os testes exploratórios como uma forma eficaz de identificar problemas que os testes baseados em *scripts* podem não revelar, aproveitando a curiosidade e a intuição dos testadores para explorar possíveis falhas.

1. *Pair Testing:* nessa modalidade, dois membros da equipe, comumente um desenvolvedor e um testador, trabalham juntos em um único computador para identificar falhas. Essa colaboração direta potencializa a detecção de erros, combinando habilidades complementares na busca por soluções.

Figura 9.4: Desenvolvimento em pares

Fonte: Gerado via DALL.E, 2024.

Crispin e Gregory novamente salientam a eficácia do *pair testing*, observando que a colaboração imediata entre desenvolvedores e testadores não apenas aumenta a eficiência na identificação e correção de *bugs*, mas também promove um entendimento compartilhado dos objetivos de qualidade do *software*.

Essas estratégias, ao serem implementadas em ambientes ágeis, não apenas facilitam a identificação e correção de problemas de maneira mais eficiente, mas também promovem uma cultura de qualidade e responsabilidade compartilhada. Por meio da colaboração estreita e da comunicação contínua, as equipes são capazes de responder rapidamente às mudanças, ajustando suas estratégias de teste para melhor atender às necessidades do projeto e garantir a entrega de *software* de alta qualidade.

9.2 GARANTINDO A QUALIDADE EM CICLOS DE DESENVOLVIMENTO RÁPIDOS

A garantia de qualidade em ciclos de desenvolvimento rápidos, característicos de metodologias ágeis, implica enfrentar o desafio de manter altos padrões de qualidade sem comprometer a agilidade e a eficiência do processo. Nesse contexto, práticas como Integração Contínua (CI) e Testes Automatizados surgem como soluções cruciais para equilibrar essas demandas aparentemente opostas.

Integração Contínua (CI)

A Integração Contínua é uma prática de desenvolvimento de *software* na qual membros da equipe integram seu trabalho com frequência. Geralmente, cada pessoa integra pelo menos diariamente, levando a múltiplas integrações por dia. Cada uma é verificada por uma construção automática (incluindo testes) para detectar erros de integração o mais rápido possível. Martin Fowler, um dos principais proponentes da CI, enfatiza que "a principal meta da CI é fornecer *feedback* rápido para que, se você cometer um erro, descubra imediatamente" (Fowler, 2006). Essa prática permite que as equipes de desenvolvimento identifiquem e corrijam problemas rapidamente, mantendo a qualidade do *software* em alta e reduzindo o tempo necessário para levar mudanças ao mercado.

Testes Automatizados

Paralelamente à CI, os Testes Automatizados desempenham um papel fundamental para garantir a qualidade em ambientes de desenvolvimento ágil. Essa prática envolve o uso de *software* para controlar a execução de testes, a comparação dos resultados reais com os esperados e a gestão dos testes, além dos artefatos resultantes. A automação é essencial para realizar diversos testes de forma eficiente e repetitiva, abrangendo desde testes unitários até os de integração e de interface do usuário. Segundo Lisa Crispin e Janet Gregory, autoras de referência na área de testes ágeis, "a automação de testes é indispensável para equipes ágeis, permitindo que testes extensivos sejam realizados frequentemente sem aumentar o trabalho manual ou o tempo de ciclo" (Crispin; Gregory, 2009). Essa abordagem não apenas melhora a precisão dos testes, eliminando erros humanos, mas também libera os testadores para se concentrarem em testes mais complexos e em explorar novas áreas do *software*.

Integrar a CI e os Testes Automatizados no desenvolvimento ágil permite às equipes ajustarem e melhorarem continuamente o processo de desenvolvimento, mantendo uma entrega de *software* rápida e de alta qualidade. A capacidade de realizar testes frequentes e automáticos assegura que cada mudança seja validada em tempo real, reduzindo significativamente o risco de regressões ou de introdução de novos *bugs* durante o desenvolvimento. Essa sinergia entre CI e Testes Automatizados é fundamental para sustentar a agilidade da equipe, permitindo que se adapte rapidamente às mudanças sem comprometer a integridade e a funcionalidade do *software* desenvolvido.

9.3 AUTOMAÇÃO DE TESTES E INTEGRAÇÃO CONTÍNUA

A automação de testes e a Integração Contínua (CI) são fundamentais no desenvolvimento ágil para assegurar que a qualidade do *software* seja mantida, mesmo quando as mudanças são frequentes e os prazos apertados. Essas práticas não só facilitam a detecção precoce de problemas, mas também otimizam o ciclo de *feedback*, primordial para a melhoria contínua do produto.

Automação de Testes

A automação de testes transforma o processo de verificação do *software*, permitindo que um volume significativo de testes seja realizado rapidamente e com consistência. Ao automatizar testes repetitivos, as equipes podem dedicar mais tempo a tarefas que requerem o raciocínio humano, como o desenvolvimento de novos testes ou a investigação de problemas complexos. Além disso, a automação garante que os testes sejam realizados da mesma maneira todas as vezes, eliminando a variabilidade que pode ocorrer com testes manuais.

A eficácia da automação de testes no ambiente ágil é destacada por sua capacidade de se integrar ao desenvolvimento e ao pipeline de CI, em que os testes são executados automaticamente a cada mudança no código. Isso significa que as regressões ou outros problemas são identificados quase imediatamente, permitindo correções rápidas que mantêm a integridade do *software*.

Integração Contínua

A CI é uma prática de desenvolvimento que envolve a integração automática de código no repositório principal várias vezes ao dia. Cada integração é verificada por *builds* automáticos e testes para detectar erros tão cedo quanto possível. Esse processo contínuo permite que as equipes mantenham um código de alta qualidade e prontamente utilizável, além de facilitar a rápida identificação e correção de *bugs*, mantendo o projeto em um estado sempre pronto para lançamento.

A CI promove um ambiente em que a responsabilidade pela qualidade do *software* é compartilhada por toda a equipe, incentivando práticas como a revisão de código e testes de unidade. Segundo Paul Duvall, em seu trabalho sobre integração contínua, "CI não é apenas sobre a automação de testes e *builds*; é também sobre a cultura de integração e colaboração que ela promove dentro das equipes de desenvolvimento" (Duvall, 2007).

Sinergia entre Automação de Testes e CI

A combinação de automação de testes com CI cria um ciclo virtuoso de *feedback* e melhoria, essencial para o desenvolvimento ágil. Com a CI, o código é integrado e testado frequentemente, o que, por si só, já melhora a qualidade. A automação de testes complementa essa prática, garantindo que diversos sejam realizados de forma rápida e eficaz, o que é impraticável com testes manuais em um ambiente de desenvolvimento rápido.

Essa sinergia entre automação de testes e CI não só acelera o desenvolvimento, como também assegura que o *software* mantenha um padrão de qualidade elevado, independentemente da rapidez com que novas funcionalidades são implementadas ou alterações são realizadas. Ao adotar essas práticas, as equipes podem desfrutar de benefícios como maior confiança no código, ciclos de *feedback* mais curtos e um processo de lançamento de *software* mais suave e previsível.

9.4 TEST-DRIVEN *DEVELOPMENT* (TDD) E SUA IMPLEMENTAÇÃO

O TDD é uma metodologia na qual testes são escritos antes mesmo do código que irá implementar a funcionalidade desejada. Esse ciclo inicia-se com a escrita de um teste que falha (pois a funcionalidade ainda não existe), seguido pelo desenvolvimento do mínimo de código necessário para fazer o teste passar e finaliza com a refatoração do código para aprimorar sua estrutura e performance, sem alterar sua funcionalidade.

A implementação do TDD promove várias vantagens:

- **Melhoria da Qualidade do Código**: ao focar na passagem dos testes desde o início, o TDD assegura que o código desenvolvido seja robusto e livre de erros;

- *Design de Software mais Eficiente*: a necessidade de escrever testes primeiro pode levar a um *design* de *software* mais modular e fácil de manter;
- **Documentação Viva**: os testes servem como documentação, explicando como o código deve se comportar.

O TDD é mais do que uma metodologia de teste, é uma filosofia de *design* que encoraja uma abordagem mais reflexiva e de alta qualidade para o desenvolvimento de *software*. A adoção do TDD em ambientes ágeis não apenas facilita a garantia de qualidade em ciclos rápidos de desenvolvimento, mas também promove uma cultura de excelência em codificação, em que a qualidade é incorporada desde o início do processo de desenvolvimento. Integrando essas práticas de testes ágeis, as equipes podem entregar *software* de alta qualidade de forma mais eficiente, mantendo-se flexíveis e adaptáveis às mudanças no ambiente de desenvolvimento.

LISTA DE EXERCÍCIOS DO CAPÍTULO 9

Questões Dissertativas

1. Explique como o *Test-Driven Development* (TDD) melhora a qualidade do código em ambientes ágeis.
2. Descreva o papel dos Testes de Aceitação do Usuário (UAT) na garantia de qualidade ágil.
3. Como os testes exploratórios se complementam com o TDD para garantir a qualidade do *software*?

4. Discuta a importância da colaboração entre desenvolvedores e testadores durante o *Pair Testing*.
5. Explique o impacto dos testes ágeis na velocidade e adaptabilidade do desenvolvimento de *software*.
6. Como o *feedback* obtido de UAT influencia o ciclo de desenvolvimento em ambientes ágeis?
7. Discuta a eficácia dos testes exploratórios em identificar falhas não reveladas por testes baseados em *scripts*.
8. Como a prática de *Pair Testing* ajuda na detecção precoce de erros de *software*?
9. Explique a importância de integrar testes ágeis no início do processo de desenvolvimento.
10. Descreva como os testes ágeis facilitam a entrega contínua de valor para o usuário final.
11. Explique o conceito de documentação viva criada pelo TDD no desenvolvimento ágil.
12. Discuta como a mentalidade de testes desde o início afeta o *design* do *software* no TDD.
13. Como os testes ágeis ajudam as equipes a se adaptarem rapidamente às mudanças nos requisitos?
14. Explique o processo de refinamento de testes em TDD e seu impacto no produto final.
15. Descreva o ciclo de *feedback* dos testes ágeis e sua importância para a melhoria contínua.
16. Como o ambiente de testes TDD promove uma abordagem proativa para a garantia de qualidade?
17. Explique a relação entre testes ágeis e a satisfação do usuário final.

18. Discuta o papel dos testes ágeis na redução do tempo de mercado para novos *softwares*.

19. Como a prática de testes ágeis apoia a cultura de aprendizado e adaptação contínua em equipes de desenvolvimento?

20. Explique o impacto dos testes ágeis na gestão de riscos de projetos de *software*.

Questões de Múltipla Escolha

1. O que o TDD (*Test-Driven Development*) envolve principalmente?
    a. Escrita de testes após o desenvolvimento do código
    b. Escrita de testes antes do desenvolvimento do código
    c. Testes manuais extensivos
    d. Ignorar testes até a fase final do projeto

2. Qual é o propósito dos Testes de Aceitação do Usuário (UAT) em ambientes ágeis?
    a. Confirmar que o código passa em todos os testes automatizados
    b. Garantir que o sistema atenda aos requisitos técnicos
    c. Verificar a conformidade com os padrões de codificação
    d. Assegurar que o sistema atenda às necessidades e expectativas do usuário

3. Como os testes exploratórios se complementam com o TDD?
   a. Substituindo completamente o TDD
   b. Ignorando a necessidade de testes automatizados
   c. Identificando falhas não cobertas por testes automatizados
   d. Focando exclusivamente em testes de desempenho

4. Qual é o benefício do *Pair Testing* em projetos ágeis?
   a. Diminuição do tempo gasto em testes
   b. Eliminação da necessidade de revisão de código
   c. Detecção precoce de erros e aumento da qualidade do código
   d. Redução dos custos de desenvolvimento pela metade

5. Qual impacto os testes ágeis têm na velocidade de desenvolvimento de *software*?
   a. Atrasam significativamente o desenvolvimento
   b. Não têm impacto na velocidade de desenvolvimento
   c. Aceleram o ciclo de desenvolvimento ao identificar rapidamente erros
   d. Reduzem a qualidade para aumentar a velocidade

6. Como o *feedback* de UAT influencia o ciclo de desenvolvimento ágil?
   a. Não influencia o ciclo de desenvolvimento
   b. Resulta em mudanças significativas na fase final do projeto
   c. Pode levar a ajustes iterativos e melhorias contínuas
   d. É frequentemente ignorado para não afetar o cronograma do projeto

7. Qual é a eficácia dos testes exploratórios em ambientes ágeis?
   a. Limitada a cenários específicos predefinidos
   b. Amplia a cobertura de testes e identifica falhas inesperadas
   c. É menos eficaz do que os testes automatizados sozinhos
   d. Utilizada apenas como última opção antes do lançamento

8. Qual é o papel dos testes ágeis na adaptação às mudanças nos requisitos?
   a. Criam resistência às mudanças nos requisitos
   b. Não afetam a capacidade de adaptação às mudanças
   c. Facilitam a incorporação rápida e eficaz de novos requisitos
   d. São incompatíveis com mudanças frequentes nos requisitos

9. O que a documentação viva gerada pelo TDD proporciona?
   a. Um registro detalhado das decisões de *design* de *software*
   b. Uma descrição completa da infraestrutura de TI
   c. Testes que servem como documentação atualizada do comportamento do sistema
   d. Manuais de usuário extensivos e detalhados

10. Como os testes ágeis apoiam a cultura de aprendizado e adaptação contínua?
    a. Priorizando documentação detalhada sobre aprendizado
    b. Promovendo um ambiente no qual o *feedback* e a experimentação são valorizados
    c. Limitando o escopo de aprendizado a testes automatizados
    d. Focando em processos rígidos e imutáveis

11. Qual é o impacto dos testes ágeis na gestão de riscos de projetos de *software*?
    a. Aumenta os riscos devido à natureza iterativa dos testes
    b. Reduz significativamente os riscos ao identificar e resolver problemas precocemente
    c. Não tem impacto na gestão de riscos
    d. Encoraja a ignorar riscos até as fases finais do projeto

12. O *feedback* dos usuários é mais efetivamente integrado em qual estágio dos testes ágeis?
    a. Apenas no início do projeto
    b. Durante a fase de lançamento
    c. Em estágios iterativos ao longo do projeto
    d. Após a conclusão do projeto, para futuras melhorias

13. Qual abordagem é essencial para entender profundamente as necessidades dos usuários em testes ágeis?
    a. Desenvolvimento baseado em componentes
    b. Pesquisa e empatia
    c. Modelagem de dados complexa
    d. *Benchmarking* competitivo

14. Em testes ágeis, a prototipação rápida é utilizada para:
    a. Completar o desenvolvimento mais rapidamente
    b. Substituir todos os outros métodos de teste
    c. Validar hipóteses e refinar o produto com *feedback* real
    d. Demonstrar a viabilidade técnica sem *feedback* do usuário

15. Qual é o principal desafio ao integrar *Design Thinking* em equipes ágeis estabelecidas?
    a. A adaptação a um novo conjunto de ferramentas tecnológicas
    b. A resistência à mudança e à reavaliação das abordagens existentes
    c. A necessidade de contratar novos membros para a equipe
    d. A redução automática dos custos operacionais

16. A experimentação no *Design Thinking* é valorizada por:
    a. Eliminar completamente o planejamento
    b. Encorajar a aceitação do fracasso como parte do aprendizado
    c. Garantir resultados perfeitos nas primeiras tentativas
    d. Focar unicamente no desenvolvimento baseado em suposições

17. Como a visualização de ideias beneficia o desenvolvimento ágil?
    a. Por evitar completamente a necessidade de prototipação
    b. Facilitando a compreensão compartilhada e alinhamento entre equipe e *stakeholders*
    c. Criando documentação detalhada do projeto
    d. Substituindo reuniões e discussões

18. A colaboração multidisciplinar no *Design Thinking* ajuda a:
   a. Isolar equipes em silos para aumentar a eficiência
   b. Reduzir a comunicação entre diferentes áreas de especialização
   c. Promover soluções inovadoras por meio da integração de diversas perspectivas
   d. Simplificar processos eliminando etapas de revisão e *feedback*

19. O *Design Thinking* melhora a comunicação interna e externa ao:
   a. Reduzir a frequência das interações
   b. Promover clareza e entendimento mútuo dos objetivos e soluções
   c. Limitar o diálogo a e-mails e relatórios escritos
   d. Encorajar o uso de jargão técnico

20. O processo iterativo do *Design Thinking* alinha-se com os princípios ágeis ao:
   a. Evitar revisões e *feedback*
   b. Permitir adaptação e refinamento contínuos com base no *feedback* real
   c. Seguir um plano fixo sem possibilidade de alterações
   d. Focar em entregas completas ao invés de incrementais

10. TRANSFORMAÇÃO ÁGIL NAS ORGANIZAÇÕES

A transformação ágil nas organizações representa um movimento estratégico rumo à adoção de práticas e princípios ágeis com o objetivo de melhorar a eficiência, a adaptabilidade e a satisfação do cliente. No entanto, essa transição pode apresentar desafios significativos, demandando uma mudança profunda na cultura organizacional e nos processos existentes.

Figura 10.1: Transformação Ágil nas Organizações

Fonte: Gerada via DALL.E, 2024.

A imagem acima simboliza a transformação ágil nas organizações, ilustrando a transição de estruturas organizacionais rígidas para ambientes de trabalho modernos e colaborativos, enfatizando a jornada de mudança rumo à agilidade, os desafios enfrentados e os benefícios finais dessa transformação.

Este capítulo explora os principais aspectos da transformação ágil, desde os desafios enfrentados pelas organizações até a implementação prática por meio de estudos de caso.

10.1 DESAFIOS DA ADOÇÃO DE METODOLOGIAS ÁGEIS

A adoção de metodologias ágeis representa um movimento significativo em direção às práticas de desenvolvimento de *software* mais flexíveis e adaptáveis. No entanto, essa transição não vem sem seus desafios. A resistência interna é, muitas vezes, o primeiro grande obstáculo que as organizações enfrentam quando tentam implementar práticas ágeis. Essa resistência pode ser atribuída a vários fatores, incluindo a inércia cultural, a redefinição de papéis e a falta de compreensão dos princípios ágeis.

Inércia Cultural

A inércia cultural, como observado por Kotter em 1996, é um dos desafios mais formidáveis na adoção de metodologias ágeis. Muitas organizações operam dentro de estruturas e processos que foram estabelecidos ao longo de muitos anos. Essas práticas estabelecidas e as hierarquias rígidas criam um ambiente resistente à mudança.

Figura 10.2: A inércia cultural de Kotter

Fonte: Gerado via DALL.E, 2024.

A imagem ilustra o conceito de inércia cultural no contexto da adoção de metodologias ágeis, representando a resistência à mudança por meio de uma grande roda de pedra que os membros da organização tentam mover, simbolizando os desafios descritos por Kotter.

O conforto encontrado nas rotinas conhecidas e nos métodos tradicionais de gerenciamento de projetos faz com que a transição para abordagens ágeis seja vista como uma ameaça ao status quo. Superar essa resistência requer não apenas a introdução de novas práticas, mas também uma mudança significativa na cultura organizacional.

Redefinição de Papéis

Outro desafio crítico na adoção das metodologias ágeis é a redefinição dos papéis tradicionais. Em um ambiente ágil, os papéis tendem a ser mais fluidos, com ênfase na colaboração e na auto-organização. Essa mudança pode gerar incerteza e desconforto entre os membros da equipe acostumados a definições de papel mais rígidas. A transição para a agilidade exige uma mentalidade de abertura para novas maneiras de trabalhar, além da disposição para assumir responsabilidades além das fronteiras tradicionais de seus papéis.

Falta de Compreensão dos Princípios Ágeis

Schwaber e Beedle apontaram em 2002 que a falta de compreensão dos princípios ágeis é um obstáculo comum na adoção dessas metodologias. Muitas organizações tentam adotar práticas ágeis sem uma compreensão profunda de seus princípios fundamentais, como a colaboração contínua com o cliente, a adaptação frequente às mudanças e a entrega iterativa de valor.

Essa abordagem superficial pode levar a implementações falhas que não capturam os benefícios completos das metodologias ágeis, reforçando a resistência à mudança.

Medo da Perda de Controle

O medo da perda de controle é outra preocupação significativa. Em ambientes ágeis, o controle do processo é muitas vezes distribuído pela equipe, contrastando com os métodos tradicionais, nos quais as decisões podem ser centralizadas em gestores de projeto ou em comitês de direção. Essa distribuição de controle pode ser vista como arriscada por aqueles acostumados à tomada de decisão centralizada, levantando preocupações sobre a qualidade, a conformidade e a direção do projeto.

Superando os Desafios

Para superar esses desafios, as organizações devem investir em formação e educação contínua, enfatizando a importância dos princípios ágeis e como eles se aplicam ao contexto organizacional. A liderança deve atuar como campeã das mudanças, promovendo uma cultura de abertura, experimentação e aprendizado contínuo. Além disso, a adoção gradual de práticas ágeis, começando com projetos piloto e expandindo com base no sucesso e nas lições aprendidas, pode ajudar a mitigar a resistência e demonstrar o valor da agilidade para toda a organização.

Assim, enquanto a adoção de metodologias ágeis apresenta desafios significativos, a superação desses obstáculos pode levar a uma transformação organizacional profunda, resultando em maior flexibilidade, adaptabilidade e satisfação do cliente.

10.2 CULTURA ORGANIZACIONAL E MUDANÇA

A adoção de uma cultura ágil dentro de uma organização vai além da implementação de novos métodos ou práticas; ela implica uma mudança profunda e abrangente na forma como a organização percebe e aborda seu trabalho, sua equipe e seus objetivos. Schein (2010) nos lembra da complexidade inerente à cultura organizacional, que se manifesta por meio de pressupostos subjacentes, valores e práticas que foram desenvolvidos ao longo do tempo. Para uma transição bem-sucedida para o ágil, esses elementos culturais precisam ser reexaminados e realinhados para encorajar e suportar os princípios ágeis.

Revisão dos Pressupostos Organizacionais

No coração de uma transformação ágil bem-sucedida está a necessidade de revisar e, muitas vezes, redefinir os pressupostos básicos sobre os quais a organização foi construída. Isso inclui crenças sobre liderança, controle, gestão de erros e colaboração. Em uma cultura tradicional, o erro pode ser visto como falha, ao passo que, em uma cultura ágil, é considerado uma oportunidade de aprendizagem e crescimento. A transição para a agilidade requer que esses pressupostos sejam não apenas desafiados, mas substituídos por novos que valorizem a adaptabilidade, a colaboração aberta e a melhoria contínua.

Liderança como Catalisador para a Mudança

A liderança desempenha um papel crucial na moldagem e no direcionamento da cultura organizacional. Líderes que abraçam e vivenciam os valores ágeis em suas ações diárias servem como modelos para o restante da organização. Eles devem promover um ambiente que encoraja a experimentação, tolera falhas e celebra a aprendizagem derivada dessas falhas. Ao fazer isso, eles criam um espaço seguro para os membros da equipe explorarem novas ideias e abordagens sem medo do julgamento ou das consequências negativas. Essa postura de liderança não apenas facilita a transição para práticas ágeis, mas também ajuda a incutir os valores ágeis como parte integrante da cultura organizacional.

Fomentando Colaboração e Aprendizado Contínuo

A colaboração e o aprendizado contínuo são pedras angulares das metodologias ágeis. Para que uma organização adote verdadeiramente esses princípios, ela deve desenvolver uma cultura que priorize a comunicação aberta, o trabalho em equipe e a partilha de conhecimentos. Isso significa romper silos departamentais, fomentar equipes interfuncionais e criar espaços de trabalho que incentivem a interação e a colaboração. Além disso, o desenvolvimento profissional contínuo e as oportunidades de aprendizado devem ser disponibilizados para todos os membros da equipe, assegurando que a organização como um todo possa responder dinamicamente às mudanças do mercado e da indústria.

Criando um Ambiente Seguro para a Experimentação

Um elemento vital para a adoção bem-sucedida da agilidade é a criação de um ambiente que encoraje a experimentação e aceite as falhas como parte do processo de aprendizado. Isso requer uma mudança significativa em muitas culturas organizacionais, nas quais o medo de falhar pode impedir a inovação e a criatividade. Ao estabelecer uma cultura que vê a experimentação como essencial para o crescimento e o sucesso, as organizações podem se tornar mais adaptáveis e resilientes.

Em suma, a transformação ágil é intrinsecamente ligada à cultura organizacional. Requer uma mudança fundamental nos valores, pressupostos e práticas que definem a organização. A liderança eficaz, que promove valores ágeis e suporta um ambiente de abertura, aprendizado e experimentação, é crucial para essa transformação. À medida que a organização avança nessa jornada, ela se torna mais capacitada para navegar na complexidade e na incerteza do ambiente de negócios atual, garantindo sua relevância e sucesso contínuos.

10.3 ESTUDOS DE CASO DE TRANSFORMAÇÃO ÁGIL

Os estudos de caso de transformação ágil nas empresas oferecem visões profundas e práticas sobre como as organizações podem navegar com sucesso pela mudança de paradigmas em direção à agilidade, superando obstáculos e colhendo os benefícios da inovação e da adaptabilidade. Ao examinar casos específicos, como os da Nokia Networks e do Spotify, podemos extrair lições valiosas e princípios aplicáveis a uma ampla gama de contextos organizacionais.

Nokia Networks: Adaptabilidade e Inovação

A Nokia, uma vez líder incontestável no mercado de telefonia móvel, enfrentou desafios severos com a rápida evolução das tecnologias e as mudanças nas preferências dos consumidores. A empresa percebeu que a sua estrutura tradicional e os processos de desenvolvimento não eram suficientemente flexíveis para acompanhar o ritmo de um mercado em constante mudança. A transição da Nokia para práticas ágeis, especialmente na divisão Nokia Networks, é um exemplo marcante de como a agilidade pode ser uma força revitalizante. Segundo Middleton e Sutton (2005), a adoção de metodologias ágeis permitiu à Nokia Networks acelerar seu ciclo de inovação e aprimorar a colaboração interdepartamental. As equipes tornaram-se mais responsivas às mudanças do mercado, com uma capacidade melhorada para desenvolver e iterar rapidamente em novos produtos e serviços, alinhando-se mais estreitamente com as necessidades dos clientes.

Spotify: Autonomia e Colaboração

O Spotify, conhecido por sua plataforma de música, adotou uma abordagem única para implementar agilidade em sua organização. O modelo organizacional do serviço de streaming, que inclui *squads, tribes, chapters* e *guilds*, foi projetado para maximizar a autonomia das equipes enquanto promove a colaboração e a partilha de conhecimentos em toda a empresa. Esse modelo, detalhado por Kniberg e Ivarsson (2012), facilita a inovação rápida e a adaptação ao permitir que as equipes operem com independência, mas dentro de um *framework* coeso que encoraja a troca de ideias e melhores práticas. O resultado é um ambiente de trabalho dinâmico, em que a inovação floresce, e as soluções para os desafios podem ser rapidamente desenvolvidas e implementadas.

Lições Aprendidas

A partir desses estudos de caso, várias lições cruciais podem ser extraídas para organizações que buscam embarcar ou melhorar suas jornadas ágeis:

- **Importância da Cultura Organizacional:** uma cultura que suporta a aprendizagem contínua, a colaboração e a adaptação é essencial. A transformação deve começar

com uma mudança na mentalidade, desde os líderes até os membros da equipe;
- **Estruturas Flexíveis:** a implementação de estruturas organizacionais que promovem a autonomia das equipes e a colaboração transversal pode acelerar a inovação e a capacidade de resposta às mudanças no mercado;
- **Liderança Adaptativa:** líderes devem atuar como facilitadores da mudança, promovendo um ambiente no qual experimentar e aprender com falhas é incentivado;
- **Foco no Cliente:** a agilidade aumenta a capacidade da organização de responder às necessidades dos clientes de forma mais eficaz, enfatizando a importância de alinhar os produtos e serviços com as expectativas do mercado.

A transformação ágil não é apenas uma mudança nas práticas de trabalho, mas é uma modificação fundamental na cultura e na estrutura organizacional. Os casos da Nokia Networks e do Spotify ilustram como diferentes abordagens à agilidade podem levar ao sucesso, destacando a importância da adaptabilidade, da inovação e de uma forte orientação ao cliente. Ao se prepararem para enfrentar os desafios dessa transformação, as organizações devem focar na criação de um ambiente que valorize a agilidade, a colaboração e a aprendizagem contínua, pavimentando o caminho para um futuro mais adaptável e inovador.

LISTA DE EXERCÍCIOS DO CAPÍTULO 10

Questões dissertativas

1. Qual é a importância de uma cultura organizacional que apoia na transformação ágil?
2. Como estruturas organizacionais flexíveis contribuem para a inovação e a capacidade de resposta às mudanças no mercado durante a transformação ágil?
3. De que maneira a liderança adaptativa facilita a transformação ágil dentro de uma organização?
4. Explique o papel do foco no cliente na transformação ágil das organizações.
5. Quais são os principais desafios enfrentados pelas organizações durante a adoção de metodologias ágeis?
6. Como as reuniões diárias (*Daily Stand-ups*) promovem a responsabilidade mútua e a sincronização diária da equipe em ambientes ágeis?
7. Qual a importância das Revisões de Iteração (*Sprint Reviews*) para receber *feedback* direto dos clientes ou usuários finais?
8. Explique como as Retrospectivas facilitam a melhoria contínua em equipes ágeis.
9. De que maneira ferramentas de *software* como Jira, Trello, e Asana suportam o monitoramento e controle de progresso em projetos ágeis?

10. Como as práticas de integração e entrega contínua (como Jenkins e GitLab CI) otimizam o processo de desenvolvimento ágil?

11. Como a autonomia das equipes influencia a eficácia da transformação ágil em organizações?

12. Discuta a importância da comunicação efetiva entre as equipes ágeis e os *stakeholders*.

13. Explique como a priorização baseada em valor contribui para a entrega eficiente em projetos ágeis.

14. De que forma a capacidade de adaptação rápida às mudanças impacta a competitividade da empresa no mercado?

15. Qual o papel dos valores ágeis (como coragem, foco, comprometimento, respeito e abertura) na cultura organizacional durante a transformação ágil?

16. Como o *feedback* contínuo de clientes e usuários é integrado no processo de desenvolvimento ágil?

17. De que maneira as métricas ágeis, como velocidade e *burn down charts*, auxiliam no monitoramento do progresso do projeto?

18. Discuta o impacto da transformação ágil nos processos de tomada de decisão dentro da organização.

19. Como a formação de equipes multidisciplinares suporta a entrega contínua e a inovação em ambientes ágeis?

20. Explique o conceito de melhoria contínua (Kaizen) e como ele é aplicado na transformação ágil das organizações.

Questões de Múltipla Escolha

1. Qual elemento é crucial para sustentar a transformação ágil nas organizações?
   a. Hierarquia rígida
   b. Cultura de aprendizado contínuo
   c. Evitar *feedback*
   d. Foco exclusivo em ferramentas

2. Estruturas organizacionais flexíveis impactam a transformação ágil por:
   a. Reduzir a comunicação
   b. Limitar a inovação
   c. Facilitar a adaptação às mudanças
   d. Aumentar a burocracia

3. A liderança adaptativa é importante na transformação ágil porque:
   a. Mantém estratégias inalteradas
   b. Desencoraja a autonomia da equipe
   c. Promove a experimentação e aprendizado
   d. Prioriza decisões baseadas em comando

4. O foco no cliente na transformação ágil assegura que:
   a. Produtos sejam desenvolvidos em isolamento das necessidades do cliente
   b. O *feedback* do cliente seja ignorado
   c. Produtos e serviços estejam alinhados às necessidades do mercado
   d. A inovação seja desencorajada

5. Um desafio significativo na adoção ágil é:
   a. Demasiada colaboração
   b. Resistência à mudança
   c. Excesso de flexibilidade
   d. Falta de reuniões

6. Reuniões diárias (*Daily Stand-ups*) em ambientes ágeis são úteis para:
   a. Aumentar a duração das reuniões
   b. Reduzir a transparência
   c. Promover responsabilidade e sincronização da equipe
   d. Evitar *feedback*

7. Revisões de Iteração (*Sprint Reviews*) são importantes porque:
   a. Limitam a participação do cliente
   b. Reduzem a frequência de entrega do produto
   c. Facilitam o *feedback* direto dos clientes ou usuários finais
   d. Aumentam a complexidade do projeto

8. As Retrospectivas facilitam:
   a. A estagnação do processo
   b. A melhoria contínua da equipe
   c. A redução do envolvimento da equipe
   d. Ignorar *feedback* passado

9. Ferramentas como Jira, Trello, e Asana ajudam a:
   a. Diminuir a visibilidade do projeto
   b. Aumentar a complexidade do trabalho
   c. Monitorar e controlar o progresso do projeto
   d. Reduzir a colaboração da equipe

10. Práticas de CI/CD otimizam o desenvolvimento ágil por:
    a. Aumentando o tempo de lançamento
    b. Reduzindo a qualidade do *software*
    c. Facilitando entregas rápidas e confiáveis
    d. Limitando o *feedback* do cliente

11. A autonomia das equipes impacta a transformação ágil ao:
    a. Desencorajar a inovação
    b. Aumentar a dependência da liderança
    c. Melhorar a motivação e eficiência
    d. Complicar a tomada de decisão

12. Comunicação efetiva com *stakeholders* em ambientes ágeis:
    a. Não é necessária
    b. Assegura alinhamento e colaboração
    c. Reduz a clareza do projeto
    d. Aumenta mal-entendidos

13. Priorização baseada em valor ajuda a:
    a. Atrasar a entrega do projeto
    b. Focar em tarefas de baixo impacto
    c. Direcionar esforços para atividades de maior valor
    d. Ignorar as necessidades do cliente

14. Adaptação rápida às mudanças afeta a competitividade por:
    a. Reduzir a inovação
    b. Diminuir a satisfação do cliente
    c. Manter a empresa relevante no mercado
    d. Aumentar a resistência à mudança

15. Valores ágeis como coragem e respeito influenciam a cultura organizacional ao:
    a. Encorajar conflitos
    b. Promover um ambiente de trabalho positivo e colaborativo
    c. Diminuir a comunicação
    d. Limitar a tomada de risco

16. Integração de *feedback* contínuo de clientes e usuários no desenvolvimento ágil:
    a. É geralmente evitada
    b. Diminui a relevância do produto
    c. Enriquece o produto e assegura alinhamento com as expectativas do mercado
    d. Aumenta a indecisão

17. Métricas ágeis como velocidade e *burn down charts*:
    a. Complicam o entendimento do progresso
    b. Oferecem *insights* claros sobre o andamento do projeto
    c. São irrelevantes para a gestão ágil
    d. Reduzem a motivação da equipe

18. Transformação ágil altera a tomada de decisão ao:
    a. Centralizar o processo decisório
    b. Promover uma abordagem descentralizada e colaborativa
    c. Eliminar a necessidade de decisões
    d. Aumentar a hesitação

19. Equipes multidisciplinares suportam a entrega contínua ao:
   a. Isolar conhecimento
   b. Reduzir a diversidade de habilidades
   c. Combinar habilidades diversas para inovação e eficiência
   d. Concentrar-se em tarefas individuais sem colaboração

20. Melhoria contínua (Kaizen) na transformação ágil:
   a. Não é priorizada
   b. Leva a mudanças radicais e imediatas
   c. Envolvem pequenas ajustes iterativos para aperfeiçoamento constante
   d. Foca em grandes revisões anuais

11. TENDÊNCIAS FUTURAS EM DESENVOLVIMENTO ÁGIL

As tendências futuras em desenvolvimento ágil refletem a constante evolução da tecnologia e das metodologias de gestão de projetos. À medida que as organizações se adaptam a um ambiente de negócios cada vez mais dinâmico, a agilidade torna-se não apenas uma metodologia, mas uma necessidade estratégica para inovação e crescimento sustentável. Este capítulo explora inovações tecnológicas emergentes, a aplicação de práticas ágeis em grande escala e vislumbra o futuro do desenvolvimento de *software* ágil.

11.1 INOVAÇÕES TECNOLÓGICAS E SEU IMPACTO

A integração de inovações tecnológicas, especialmente Inteligência Artificial (IA), *Machine Learning* (ML) e Internet das Coisas (IoT), tem transformado fundamentalmente o cenário do desenvolvimento de *software*. Essas tecnologias oferecem capacidades avançadas que não apenas otimizam o processo de desenvolvimento, mas também revolucionam a maneira como os produtos são concebidos, desenvolvidos e entregues ao mercado.

Figura 11.1: Interação de ferramentas inteligentes no desenvolvimento de *softwares*

Fonte: Gerado via DALL.E, 2024.

A imagem acima ilustra o impacto profundo das inovações tecnológicas, como IA, ML e IoT, no desenvolvimento de *software*, mostrando um cenário futurístico em que essas tecnologias transformam o processo desde a concepção até a entrega ao mercado.

Inteligência Artificial (IA) e *Machine Learning* (ML)

A IA e o ML estão na vanguarda da inovação no desenvolvimento de *software*, permitindo a criação de sistemas que podem aprender, adaptar-se e tomar decisões de maneira autônoma.

Isso tem implicações significativas para o desenvolvimento de *software*, pois as equipes podem agora incorporar funcionalidades inteligentes em seus produtos com maior facilidade. Por exemplo, algoritmos de ML podem ser usados para prever o comportamento do usuário, otimizar processos ou automatizar tarefas tediosas e propensas a erros, como testes de *software*. Essa capacidade de incorporar aprendizado e adaptação nos produtos não apenas melhora a experiência do usuário, mas também aumenta a eficiência do processo de desenvolvimento.

Internet das Coisas (IoT)

A IoT representa outra área de inovação tecnológica que está remodelando o desenvolvimento de *software*. Com bilhões de dispositivos conectados coletando e compartilhando dados em tempo real, surgem oportunidades sem precedentes para o desenvolvimento de soluções de *software* que podem interagir com o mundo físico de maneiras novas e significativas. Desde casas e cidades inteligentes até soluções industriais e de saúde, a IoT está possibilitando a criação de ecossistemas de *software* altamente integrados e responsivos.

Figura 11.2: Mundo Interconectado com IoT

Fonte: Gerado via DALL.E, 2024.

A imagem acima representa o conceito da Internet das Coisas (IoT) e seu papel transformador na inovação tecnológica, destacando um mundo interconectado em que dispositivos de diversos tipos compartilham dados em tempo real.

A capacidade de desenvolver *software*s que não apenas processa dados, mas também responde e se adapta ao ambiente físico, abre novos horizontes para inovação e personalização.

Acelerando o Desenvolvimento e Personalização

As tecnologias de IA, ML e IoT não apenas expandem as capacidades dos produtos de *software*, mas também têm o potencial de acelerar significativamente o ciclo de desenvolvimento. Por meio da automação de tarefas de desenvolvimento e teste, as equipes podem focar em inovação e personalização, reduzindo o tempo de comercialização. Além disso, a capacidade de coletar e analisar grandes volumes de dados em tempo real permite uma personalização sem precedentes dos produtos, em que as soluções de *software* podem ser adaptadas às necessidades específicas dos usuários finais, melhorando a satisfação e a retenção do cliente.

Desafios e Oportunidades

Apesar dos benefícios, a integração dessas tecnologias avançadas no desenvolvimento de *software* não está isenta de desafios. Questões como privacidade de dados, segurança cibernética e a necessidade de habilidades especializadas representam obstáculos significativos. No entanto, as organizações que conseguem navegar por esses desafios e integrar efetivamente IA, ML e IoT em suas práticas de desenvolvimento estão bem posicionadas para liderar a inovação em suas respectivas indústrias.

Conforme destacado por Highsmith (2009), a adaptabilidade e a capacidade de integrar rapidamente novas tecnologias são essenciais para a competitividade no mercado atual. A era digital demanda uma abordagem ágil e inovadora para o desenvolvimento de *software*, em que a capacidade de responder rapidamente às mudanças tecnológicas e às necessidades dos usuários define os líderes de mercado. As organizações devem, portanto, estar preparadas para explorar e adotar essas inovações tecnológicas, garantindo assim sua relevância e sucesso em um ambiente em constante evolução.

11.2 ÁGIL EM ESCALA

"Ágil em Escala" refere-se ao processo de aplicar os princípios e práticas ágeis em um nível organizacional mais amplo, abrangendo múltiplas equipes e, em alguns casos, departamentos ou a organização inteira. À medida que as empresas crescem e seus projetos se tornam mais complexos, a necessidade de escalonar as práticas ágeis torna-se uma prioridade para manter a eficiência, a adaptabilidade e a resposta rápida às mudanças do mercado.

Frameworks de Escalonamento Ágil

Frameworks como o *Scaled Agile Framework* (SAFe), *Large-Scale Scrum* (LeSS) e *Disciplined Agile Delivery* (DaD) foram desenvolvidos para atender à demanda por escalonamento ágil. Cada um deles oferece um método estruturado para aplicar agilidade em grande escala, abordando os desafios de coordenação, governança e entrega únicos para projetos grandes e complexos.

O **SAFe** é projetado para fornecer um guia abrangente para empresas que precisam expandir a agilidade além da equipe única, focando na criação de fluxos de valor alinhados que permitem a entrega contínua de valor para o cliente.

O **LeSS**, por outro lado, enfatiza a simplicidade, desencorajando o excesso de processos e promovendo princípios como descentralização da tomada de decisões e transparência. Esse *framework* busca estender as práticas Scrum para equipes maiores, mantendo a essência do Scrum no nível da organização.

Por fim, o **DAD** oferece um toolkit flexível, permitindo que as organizações personalizem sua abordagem ágil para se adequarem ao seu contexto específico, combinando elementos de Scrum, Kanban e outras metodologias ágeis.

Desafios na Implementação

A implementação de práticas ágeis em grandes organizações traz desafios significativos. Dikert, Paasivaara e Lassenius (2016) identificam vários obstáculos, incluindo resistência cultural à mudança, dificuldades na redefinição de papéis e responsabilidades, e o desafio de manter a comunicação eficaz e a colaboração entre múltiplas equipes distribuídas. Além disso, a necessidade de alinhar os objetivos do projeto com as estratégias de negócios globais e garantir a governança adequada pode complicar ainda mais a transição para práticas ágeis em grande escala.

Importância da Personalização

Um aspecto crucial do sucesso no escalonamento ágil é a necessidade de adaptar as metodologias para atender às necessidades específicas da organização. Não existe uma solução única para todos, as empresas devem considerar seu tamanho, cultura, estrutura e objetivos de negócios ao escolher e implementar um *framework* ágil. A flexibilidade e a adaptabilidade são fundamentais, permitindo que a organização refine suas práticas ágeis à medida que aprende o que funciona melhor em seu contexto específico.

A capacidade da escalabilidade ágil é essencial para as organizações que desejam manter a agilidade e a competitividade em um ambiente de negócios em rápida mudança. Embora existam desafios significativos associados à implementação de práticas ágeis em grande escala, os benefícios potenciais, como maior adaptabilidade, eficiência melhorada e maior satisfação do cliente, são substanciais. Ao escolher o *framework* adequado e adaptá-lo às necessidades específicas da organização, as empresas podem superar esses desafios e aproveitar as vantagens de serem ágeis em escala.

11.3 O FUTURO DO DESENVOLVIMENTO DE SOFTWARE ÁGIL

À medida que avançamos para o futuro, o panorama do desenvolvimento de *software* ágil está se preparando para uma evolução significativa. A necessidade de inovação rápida, adaptabilidade e eficiência continua a crescer, impulsionada por um ambiente de mercado cada vez mais dinâmico e pela rápida evolução da tecnologia. Nesse contexto, a metodologia ágil está se posicionando não apenas como uma abordagem de desenvolvimento de *software*, mas também como uma competência estratégica fundamental que permeia todos os aspectos da organização.

Evolução e Integração das Práticas Ágeis

Rigby, Sutherland e Takeuchi (2016) destacam a crescente importância das práticas ágeis, argumentando que a flexibilidade, a inovação e a capacidade de responder rapidamente às mudanças se tornarão ainda mais críticas para o sucesso das empresas. À medida que o ágil evolui, espera-se que estas práticas se tornem mais integradas nas estratégias de negócios, influenciando não apenas o desenvolvimento de *software*, mas também a gestão de produtos, operações e até mesmo a estratégia corporativa.

Adaptação às Inovações Tecnológicas

A adoção de tecnologias emergentes, como Inteligência Artificial (IA), *Machine Learning* (ML) e Internet das Coisas (IoT), está redefinindo o que é possível no desenvolvimento de *software*. Essas tecnologias não apenas oferecem novas capacidades e eficiências, mas também exigem que as organizações sejam capazes de adaptar-se e integrar rapidamente essas inovações em seus produtos e processos. As práticas ágeis, com sua ênfase na adaptabilidade e iteração rápida, são particularmente bem adaptadas para ajudar as organizações a navegarem nesse cenário tecnológico em constante mudança.

Ágil em Escala e Além

A necessidade de aplicar práticas ágeis em grande escala, abrangendo toda a organização e não apenas equipes individuais de desenvolvimento de *software*, é um tema que ganha força. *Frameworks* como *Scaled Agile Framework* (SAFe) e *Large-Scale Scrum* (LeSS) já oferecem abordagens para esse desafio, mas a busca por eficiência, coesão organizacional e alinhamento estratégico continuará a impulsionar inovações nesta área.

Competências para o Futuro

A evolução do desenvolvimento ágil implica uma mudança nas competências necessárias para profissionais de tecnologia e gestão. A capacidade de trabalhar dentro de *frameworks* ágeis, a adaptabilidade a novas tecnologias e a habilidade de pensar estrategicamente sobre como o ágil pode impulsionar objetivos de negócios tornar-se-ão competências essenciais. Como destacado por Denning (2018), o futuro pertence às organizações que conseguem não apenas adaptar-se rapidamente, mas que também podem inovar e liderar a mudança em suas indústrias.

O futuro do desenvolvimento de *software* ágil é promissor e desafiador. À medida que as práticas ágeis continuam a evoluir e a se integrar mais profundamente nas estratégias de negócios, as organizações que adotam essas práticas não apenas sobreviverão, mas também prosperarão em um ambiente de negócios em rápida mudança. A capacidade de se adaptar rapidamente, inovar e responder às necessidades do cliente de maneira eficaz será o diferencial para o sucesso no futuro.

A jornada em direção à maturidade ágil é contínua e requer um comprometimento com a aprendizagem e adaptação constantes. As organizações que conseguem integrar inovações tecnológicas, escalar suas práticas ágeis e antecipar as necessidades futuras não apenas sobreviverão, mas prosperarão no ambiente de negócios do século XXI.

O percurso por meio das facetas do desenvolvimento ágil de *software* e suas metodologias revela uma paisagem em constante evolução, marcada por inovações tecnológicas, adaptações estratégicas e desafios organizacionais. Este capítulo conclui nossa exploração, resumindo os pontos-chave, oferecendo reflexões finais e apontando direções futuras para pesquisa e prática no campo do desenvolvimento ágil de *software*.

LISTA DE EXERCÍCIOS DO CAPÍTULO 11

Questões Dissertativas

1. Qual é o impacto previsto da Inteligência Artificial no desenvolvimento ágil de *software*?
2. Como a Internet das Coisas (IoT) está moldando as futuras práticas ágeis?
3. De que maneira a automação de testes está evoluindo nas metodologias ágeis?
4. Explique a importância do DevSecOps na integração de segurança em ciclos de desenvolvimento ágeis.
5. Como o *Machine Learning* pode ser aplicado para otimizar os processos ágeis?
6. Qual o papel da computação em nuvem na facilitação da entrega contínua em ambientes ágeis?

7. De que forma a realidade aumentada e virtual está influenciando o desenvolvimento ágil?
8. Como a agilidade empresarial está se adaptando às demandas de mercados globais em constante mudança?
9. Qual é o futuro do trabalho remoto e distribuído em equipes ágeis?
10. Como as práticas ágeis podem ser adaptadas para grandes organizações e projetos em escala?
11. Explique o conceito de Agile at Scale e suas implicações para as grandes empresas.
12. De que maneira a análise de dados está se tornando uma parte integrante do desenvolvimento ágil?
13. Qual é a influência dos *frameworks* ágeis híbridos no futuro do desenvolvimento de *software*?
14. Como a sustentabilidade pode ser incorporada em práticas ágeis?
15. Qual é o impacto das tecnologias emergentes, como *blockchain*, no desenvolvimento ágil?
16. De que forma a personalização em massa está sendo abordada por equipes ágeis?
17. Como o *feedback* contínuo dos usuários está moldando o desenvolvimento de produtos ágeis?
18. De que maneira as técnicas de visualização de dados auxiliam na gestão de projetos ágeis?
19. Qual o papel da inteligência emocional no gerenciamento de equipes ágeis?
20. Como a integração e entrega contínua (CI/CD) estão evoluindo para suportar ambientes de desenvolvimento ágeis mais complexos?

Questões de Múltipla Escolha

1. Como a Inteligência Artificial (IA) é prevista para influenciar o desenvolvimento ágil?
   a. Diminuindo a necessidade de equipes de desenvolvimento
   b. Automatizando completamente o processo de desenvolvimento de *software*
   c. Aprimorando a eficiência na estimativa e na análise de requisitos
   d. Substituindo metodologias ágeis por processos baseados em IA

2. Qual impacto a Internet das Coisas (IoT) tem sobre as práticas ágeis?
   a. Torna as práticas ágeis obsoletas
   b. Exige abordagens mais rígidas de desenvolvimento
   c. Aumenta a complexidade e a necessidade de entregas rápidas
   d. Reduz a importância do *feedback* do usuário

3. Qual é o papel da automação de testes nas futuras práticas ágeis?
   a. Ser eliminada em favor de testes manuais
   b. Tornar-se menos relevante para o processo de QA
   c. Potencializar a qualidade e velocidade de entregas
   d. Ser usada exclusivamente em desenvolvimento de *software*

4. Como o DevSecOps modifica as práticas ágeis?
   a. Introduzindo práticas de segurança desde o início do ciclo de desenvolvimento
   b. Focando exclusivamente em segurança, em detrimento da agilidade
   c. Ignorando requisitos de segurança para acelerar o lançamento
   d. Limitando a colaboração entre equipes de desenvolvimento e operações

5. De que maneira o *Machine Learning* pode auxiliar no desenvolvimento ágil?
   a. Prevenindo a necessidade de revisão de código
   b. Predizendo resultados de testes antes da execução
   c. Ajudando a estimar tarefas e identificar padrões em falhas
   d. Substituindo a tomada de decisão humana no planejamento de *sprints*

6. Qual é o impacto da computação em nuvem no desenvolvimento ágil?
   a. Torna o desenvolvimento ágil irrelevante
   b. Reduz a flexibilidade das equipes ágeis
   c. Facilita a colaboração e a entrega contínua
   d. Aumenta significativamente os custos de desenvolvimento

7. O que a realidade aumentada (AR) e virtual (VR) trazem para o desenvolvimento ágil?
   a. Uma redução na necessidade de testes de usabilidade
   b. Novos desafios e oportunidades para prototipagem e testes
   c. Diminuição da interação com o cliente
   d. Limitações na criatividade e inovação

8. Como a agilidade empresarial responde às mudanças de mercado?
   a. Mantendo processos inalterados, independentemente das mudanças de mercado
   b. Adaptando-se rapidamente para atender às novas demandas e oportunidades
   c. Aumentando a burocracia para gerenciar riscos
   d. Reduzindo a frequência de lançamentos de produto

9. Qual tendência está moldando o futuro do trabalho remoto em equipes ágeis?
   a. Movendo todas as operações de volta para ambientes presenciais
   b. Diminuindo a dependência de ferramentas de colaboração online
   c. Adotando práticas que suportam a flexibilidade e o trabalho distribuído
   d. Evitando qualquer forma de trabalho remoto

10. Para grandes organizações, a adaptação de práticas ágeis requer:
    a. A rejeição de todos os princípios ágeis
    b. Abordagens personalizadas para escalar a agilidade em diferentes níveis
    c. Uma abordagem uniforme sem ajustes
    d. Menos foco na colaboração e mais em documentação

11. *Agile at Scale* envolve:
    a. Aplicar práticas ágeis somente em pequenas startups
    b. Escalar práticas ágeis para atender às necessidades de grandes projetos e organizações
    c. Ignorar práticas ágeis em projetos maiores
    d. Focar exclusivamente em desenvolvimento de *software* sem considerar outros departamentos

12. A análise de dados em desenvolvimento ágil:
    a. É geralmente desencorajada
    b. Torna-se crítica para informar decisões e melhorar processos
    c. É utilizada apenas em revisões retrospectivas
    d. Foca apenas em coleta de dados sem análise

13. *Frameworks* ágeis híbridos:
    a. São proibidos em ambientes ágeis
    b. Combinam elementos de várias metodologias para atender necessidades específicas do projeto
    c. Reduzem a agilidade e a capacidade de resposta
    d. Aplicam-se exclusivamente a projetos de tecnologia da informação

14. A sustentabilidade em práticas ágeis é alcançada por:
    a. Ignorando impactos ambientais e sociais
    b. Integrando considerações de sustentabilidade no ciclo de vida do desenvolvimento
    c. Focando exclusivamente em lucratividade
    d. Limitando a inovação para reduzir o consumo de recursos

15. O desenvolvimento ágil e tecnologias emergentes como *blockchain*:
    a. São incompatíveis
    b. Oferecem novas oportunidades para transparência e segurança
    c. Reduzem a necessidade de colaboração
    d. Impedem a implementação de práticas ágeis

16. A personalização em massa em desenvolvimento ágil é facilitada por:
    a. Evitando *feedback* do cliente
    b. Aplicando práticas ágeis para adaptar produtos a necessidades individuais em larga escala
    c. Limitando a variedade de produtos
    d. Aumentando o tempo de desenvolvimento

17. A integração de *feedback* contínuo dos usuários:
    a. Complica o processo de desenvolvimento
    b. Enriquece o desenvolvimento, garantindo alinhamento com as expectativas do usuário
    c. É realizada apenas no final do projeto
    d. Reduz a eficácia das equipes ágeis

18. Técnicas de visualização de dados auxiliam a gestão de projetos ágeis por:
    a. Complicar a interpretação do progresso do projeto
    b. Oferecer *insights* claros e facilitar a tomada de decisão
    c. Serem irrelevantes para a metodologia ágil
    d. Reduzirem a necessidade de comunicação na equipe

19. A inteligência emocional em equipes ágeis:
    a. Não tem impacto
    b. Contribui para a resolução de conflitos e promove um ambiente colaborativo
    c. É desencorajada em ambientes profissionais
    d. Aumenta a dependência de processos formais

20. CI/CD no desenvolvimento ágil:
   a. Está se tornando obsoleto
   b. Diminui a velocidade de lançamentos
   c. Facilita atualizações rápidas e melhora a qualidade do *software*
   d. Aplica-se apenas a projetos não ágeis

12. RESUMO DOS PONTOS-CHAVE

O desenvolvimento de *software* ágil, desde suas origens até sua aplicação atual em uma ampla gama de indústrias, destaca-se como uma abordagem revolucionária para a criação de *software*. A adoção de práticas ágeis reflete a necessidade das organizações de se manterem adaptáveis, inovadoras e alinhadas às necessidades dos clientes em um mercado em rápida mudança. *Frameworks* como Scrum, XP, *Lean*, Kanban e Crystal, cada um com suas peculiaridades, oferecem caminhos para a implementação da agilidade, enfatizando a importância da colaboração, flexibilidade e entrega contínua de valor.

A integração de tecnologias emergentes, como IA, ML e IoT, com o desafio de escalar práticas ágeis para toda a organização, demonstra tanto o potencial quanto os obstáculos inerentes à agilidade em ambientes complexos e dinâmicos. A transformação ágil, portanto, não é apenas uma mudança de metodologia, mas uma redefinição da cultura organizacional que enfatiza a aprendizagem contínua, a adaptabilidade e a inovação.

12.1 REFLEXÕES FINAIS

A jornada ágil é tanto desafiadora quanto recompensadora. Ela requer uma reavaliação contínua das práticas, uma disposição para aprender com os erros e uma abertura para mudanças fundamentais na maneira como as organizações operam e criam valor. A essência do desenvolvimento ágil – sua capacidade de combinar flexibilidade com eficácia – permanece sua maior força, permitindo que as organizações não apenas respondam às mudanças, mas também as antecipem e se beneficiem delas.

12.2 DIREÇÕES FUTURAS PARA PESQUISA E PRÁTICA

O futuro do desenvolvimento ágil promete uma exploração mais profunda das interseções entre agilidade, inovação tecnológica e estratégia de negócios. Áreas promissoras para pesquisa incluem a adaptação de práticas ágeis em contextos cada vez mais diversificados, a integração de IA e automação no desenvolvimento ágil e o estudo de *frameworks* ágeis em grande escala em diferentes setores da indústria. Além disso, a evolução da cultura organizacional em direção a uma maior adaptabilidade e aprendizado contínuo oferece um campo fértil para investigação, especialmente no que diz respeito à gestão de mudanças, liderança e desenvolvimento de competências.

Para as organizações, o caminho adiante envolve não apenas a implementação de práticas ágeis, mas também a criação de ambientes nos quais a inovação floresça. Isso significa investir em pessoas, promover uma cultura de abertura e experimentação e adaptar-se continuamente às novas oportunidades e desafios. À medida que o desenvolvimento ágil evolui, assim também evoluem as organizações que o adotam, preparando o palco para novas descobertas, inovações e formas de trabalho no futuro.

Em suma, o desenvolvimento ágil de *software* está longe de ser um conjunto estático de práticas; é uma filosofia em constante evolução que se adapta e responde às necessidades emergentes de desenvolvedores, organizações e mercados. A agilidade, em sua essência, é a capacidade navegar na complexidade com flexibilidade, criatividade e resiliência, uma bússola essencial para o sucesso no século XXI.

GABARITO DAS QUESTÕES

Gabarito dos Exercícios Dissertativos do Capítulo 1:

1. Facilitaram a programação, tornando-a mais acessível e menos propensa a erros.
2. Falhas frequentes de projetos devido à complexidade crescente e falta de metodologias adequadas.
3. Focaram na flexibilidade, na entrega contínua e na colaboração equipe-cliente.
4. Prática que une desenvolvimento e operações para agilizar a entrega e melhorar a qualidade.
5. *Software* impulsiona inovações e novas formas de negócios, comunicação e entretenimento.
6. Programação manual, armazenamento limitado e velocidade de processamento baixa.
7. De manipulação física e cartões perfurados para linguagens de alto nível e IDEs.
8. Abordagem linear que não maneja bem mudanças; limitado em flexibilidade.
9. Priorizou valores como colaboração, *software* funcional e resposta às mudanças.
10. *Software* em funcionamento.
11. Metodologias ágeis enfatizam trabalho conjunto contínuo em vez de acordos fixos prévios.
12. Promove colaboração e automação para entrega rápida e de qualidade.

13. Central para agilizar processos, desde a integração contínua até a entrega contínua.

14. De sistemas locais a plataformas colaborativas online, como o Git.

15. O Scrum é iterativo com papéis definidos, já o XP enfatiza práticas de engenharia e *feedback* rápido.

16. Flexibilidade e adaptação são consideradas mais valiosas.

17. Permitiu o acesso aos aplicativos sem a necessidade de instalação local, via internet.

18. Facilitou o acesso aos recursos computacionais escaláveis, impactando o desenvolvimento e a entrega.

19. Permitiu o desenvolvimento rápido de aplicações que atendem a necessidades de comunicação em massa.

20. A IA está automatizando tarefas de desenvolvimento e possibilitando aplicações mais inteligentes.

Gabarito das Questões Múltipla Escolha do Capítulo 1:

1. C	2. B	3. B	4. B	5. C
6. A	7. C	8. A	9. C	10. B
11. B	12. C	13. C	14. B	15. C
16. C	17. A	18. D	19. C	20. B

Gabarito dos Exercícios Dissertativos do Capítulo 2:

1. Surgiram no final dos anos 1990 como resposta às limitações dos métodos tradicionais, enfatizando flexibilidade e entrega rápida.

GABARITO DAS QUESTÕES

2. Indivíduos e interações sobre processos e ferramentas; *Software* funcional sobre documentação abrangente; Colaboração com o cliente sobre negociação de contratos; Responder às mudanças sobre seguir um plano.

3. Permitindo revisões frequentes e ajustes no produto e no processo baseados no *feedback* e nas mudanças de requisitos.

4. O modelo em cascata é linear e sequencial, enquanto as metodologias ágeis são iterativas e incrementais, promovendo flexibilidade e adaptação.

5. A colaboração direta com o cliente e a comunicação aberta e contínua dentro da equipe.

6. Por meio de *sprints*, reuniões diárias (*stand-ups*), revisões de *sprint* e retrospectivas, enfatizando entrega iterativa e *feedback*.

7. Aumenta a colaboração, a comunicação e a adaptabilidade, promovendo maior envolvimento dos *stakeholders* e satisfação.

8. Foca na entrega de pequenos incrementos de valor de forma contínua, garantindo que o produto atenda às necessidades dos usuários rapidamente.

9. Por meio de reuniões de revisão de *sprint* e a incorporação de *feedback* no *backlog* do produto para ajustes futuros.

10. O manifesto prioriza a entrega de *software* funcional que agrega valor real ao cliente sobre a criação de documentação extensiva.

11. É responsável por definir as *features* do produto, priorizar o *backlog* e garantir que o trabalho maximize o valor entregue.

12. Oferecem uma oportunidade para a equipe refletir sobre o processo, identificar áreas de melhoria e ajustar práticas para *sprints* futuros.

13. Valoriza a comunicação direta e eficaz, facilitando o entendimento mútuo e a resolução rápida de problemas.

14. Torna o desenvolvimento mais adaptável às mudanças, permitindo ajustes frequentes ao produto e ao processo.

15. *Sprints* são ciclos de desenvolvimento curtos e time-boxed que permitem entregas frequentes e planejamento adaptável.

16. Encorajando a revisão e adaptação dos requisitos ao longo do projeto para atender melhor às necessidades dos usuários.

17. Equipes ágeis são encorajadas a se organizar e tomar decisões coletivamente, aumentando a eficiência e a satisfação no trabalho.

18. Entregando incrementos de *software* que atendem às suas necessidades em ciclos curtos, garantindo relevância e satisfação.

19. Em ágil, as tarefas são priorizadas com base no valor para o cliente e na capacidade da equipe, contrastando com a abordagem fixa e sequencial tradicional.

20. Promove confiança e cooperação, permitindo que todos os envolvidos tenham uma compreensão clara do progresso do projeto e dos desafios.

Gabarito das Questões de Múltipla Escolha do Capítulo 2:

1. C	2. C	3. C	4. C	5. B
6. B	7. B	8. B	9. C	10. B
11. C	12. C	13. C	14. C	15. A
16. B	17. B	18. C	19. C	20. B

Gabarito dos Exercícios Dissertativos do Capítulo 3

1. Transparência: todos os aspectos do projeto são visíveis para os responsáveis. Inspeção: os membros da equipe regularmente verificam o trabalho em progresso para identificar desvios. Adaptação: ajustes são feitos rapidamente para manter o projeto no curso certo.

2. Facilita as práticas do Scrum, ajuda a equipe a remover impedimentos e assegura que os valores e práticas do Scrum são seguidos.

3. Define os requisitos do produto, prioriza o *Product Backlog* e assegura que o valor máximo é entregue.

4. É um período time-boxed durante o qual um incremento "pronto" do produto é criado. *Sprints* típicos duram de duas a quatro semanas.

5. Uma lista dinâmica de características, funções, requisitos, melhorias e correções que servem como entradas para os *Sprints*.

6. Nessa reunião, a equipe seleciona itens do *Product Backlog* para trabalhar durante o próximo *Sprint*, baseando-se na prioridade e na estimativa de esforço.

7. Um encontro diário rápido em que a equipe discute o que foi feito no dia anterior, o que será feito hoje e quais são os impedimentos.

8. Os membros da equipe apresentam o trabalho concluído durante o *Sprint* aos *stakeholders*, coletando *feedback* que pode influenciar os próximos ciclos.

9. A equipe reflete sobre o último *Sprint* para identificar e concordar em melhorias que podem ser feitas para tornar o próximo *Sprint* mais eficaz.

10. Utilizando reuniões regulares e artefatos do Scrum, promove uma comunicação eficaz e garante que todos estejam alinhados com os objetivos do projeto.

11. O Scrum Master ajuda a identificar e remover impedimentos que podem atrasar a equipe, garantindo a fluidez no progresso do trabalho.

12. O *Product Backlog* contém todos os requisitos do produto, enquanto o *Sprint Backlog* é um conjunto de itens do mapeamento escolhidos para o *Sprint* atual, mais um plano para entregá-los.

13. Permitindo revisões e ajustes frequentes ao produto e ao processo, baseados em *feedback* contínuo e revisões de progresso.

14. Estes três pilares garantem que a equipe se mantenha informada e pronta para adaptar-se conforme necessário para atingir os melhores resultados possíveis.

15. A definição de "Pronto" garante que todos na equipe tenham um entendimento comum de quando um item é considerado completo, assegurando qualidade e transparência.

16. Por focar na organização do trabalho e na adaptação rápida, o Scrum pode ser aplicado em diversos tipos de projetos, incluindo marketing, pesquisa e desenvolvimento de produtos.

17. O Scrum pode ser desafiador em ambientes grandes devido à necessidade de coordenação entre múltiplas equipes, mas pode ser mitigado com a implementação de Scrum de Scrums e outras práticas escaláveis.

18. Artefatos como o *Product Backlog, Sprint Backlog* e Incrementos fornecem informações críticas que guiam a tomada de decisão e o progresso do projeto.

19. Por meio da inspeção contínua e adaptação, o Scrum permite que a equipe identifique e resolva proativamente problemas e riscos.

20. Introduz uma abordagem iterativa e incremental ao desenvolvimento, contrastando com as fases rígidas e sequenciais do ciclo de vida tradicional, promovendo maior flexibilidade e entrega de valor contínua.

Gabarito das Questões de Múltipla Escolha do Capítulo 3:

1. B	2. C	3. D	4. C	5. B
6. C	7. B	8. D	9. C	10. C
11. B	12. B	13. C	14. D	15. C
16. C	17. C	18. D	19. C	20. A

Gabarito dos Exercícios Dissertativos do Capítulo 4:

1. Valores do XP: comunicação, simplicidade, *feedback*, coragem e respeito. Eles promovem uma cultura de trabalho em equipe, adaptabilidade e qualidade.
2. TDD no XP: envolve escrever testes antes do código de produção para guiar o *design* e garantir a cobertura de testes, melhorando a qualidade do *software*.
3. Programação em Pares: dois desenvolvedores trabalham juntos em uma estação de trabalho, melhorando a qualidade do código e facilitando a transferência de conhecimento.
4. Mudança de Requisitos: o XP é projetado para ser flexível, permitindo a incorporação de mudanças nos requisitos ao longo do projeto para melhor atender às necessidades dos clientes.
5. Integração Contínua: prática de integrar e testar o código frequentemente, minimizando os problemas de integração e acelerando o desenvolvimento.
6. Papel do Cliente: no XP, o cliente é uma parte integrante da equipe, fornecendo *feedback* contínuo e tomando decisões críticas para o desenvolvimento.
7. Refatoração: processo de reestruturar o código existente sem alterar seu comportamento externo para melhorar a legibilidade e a manutenção.
8. Qualidade do *Software*: por meio da programação em pares, TDD, e *feedback* constante do cliente, o XP assegura alta qualidade do *software* desenvolvido.

9. Planejamento de Lançamento e Iterações: permite que a equipe organize o trabalho em ciclos curtos, priorizando tarefas e ajustando-se às mudanças de forma eficaz.

10. *Stand-up Meetings*: reuniões curtas e regulares para atualizar o status do projeto, identificar impedimentos e sincronizar a equipe.

11. Propriedade Coletiva do Código: encoraja todos na equipe a contribuir para qualquer parte do código, promovendo qualidade e flexibilidade.

12. Documentação no XP: enquanto o foco está no código, a documentação necessária é criada, preferencialmente mantida de forma simples e essencial.

13. Gestão de Projetos: o XP enfatiza a adaptação, *feedback* e comunicação em vez de seguir um plano rígido, diferentemente das abordagens tradicionais.

14. Spikes: são experimentos ou investigações para reduzir a incerteza técnica ou explorar soluções possíveis para problemas complexos.

15. Ritmo Sustentável: a equipe trabalha em um ritmo que pode ser mantido indefinidamente, evitando horas extras extensas e esgotamento.

16. Melhoria Contínua: por meio de *feedback* constante e retrospectivas, o XP encoraja a revisão e aprimoramento das práticas de desenvolvimento.

17. Simplicidade: focar no que é necessário no momento, evitando superengenharia e facilitando a manutenção e a adaptabilidade do código.

18. Reuniões de Retrospectiva: momentos para a equipe refletir sobre o último ciclo de desenvolvimento, discutir o que funcionou bem e o que pode ser melhorado.

19. Risco de *Software*: o XP utiliza entregas frequentes, *feedback* do cliente e práticas como TDD para mitigar riscos ao longo do desenvolvimento.

20. XP e Manifesto Ágil: o XP incorpora os princípios do Manifesto Ágil por meio de sua ênfase em indivíduos e interações, *software* funcional, colaboração com o cliente e resposta às mudanças.

Gabarito das Questões de Múltipla Escolha do Capítulo 4:

1. B	2. B	3. B	4. B	5. B
6. A	7. B	8. B	9. B	10. C
11. B	12. A	13. A	14. B	15. C
16. C	17. B	18. C	19. B	20. B

Gabarito dos Exercícios Dissertativos do Capítulo 5:

1. *Lean* no Desenvolvimento de *Software*: enfatiza a eliminação de desperdícios no processo de desenvolvimento, focando em valor para o cliente, eficiência e melhoria contínua.

2. Uso do Kanban: é um sistema visual para gerenciar o trabalho à medida que avança por meio de um processo, destacando gargalos e promovendo eficiência por limitar o trabalho em progresso.

3. Kaizen: significa melhoria contínua, enfatizando a importância de pequenas mudanças constantes para melhorar a eficiência e a qualidade no desenvolvimento de *software*.

4. Just-In-Time no Desenvolvimento de *Software*: reduz estoques (em termos de tarefas pendentes) e melhora o fluxo de trabalho, assegurando que as tarefas sejam realizadas apenas quando necessárias.

5. Minimizar o Muda: identificar e eliminar atividades que não agregam valor ao cliente, como espera, excesso de processamento ou defeitos.

6. Metodologia Crystal: foca na adaptação do processo de desenvolvimento ao projeto específico, considerando tamanho da equipe, criticidade do sistema e prioridades do cliente.

7. Jidoka: automação com um toque humano, em que a detecção de problemas leva à parada imediata do processo para evitar a propagação de defeitos.

8. Melhoria Contínua e Adaptação: *Lean* promove a adaptação contínua às mudanças nas necessidades do cliente e no ambiente de mercado, por meio da avaliação e ajuste constantes do processo de desenvolvimento.

9. Sinalização Visual do Kanban: ajuda as equipes a visualizarem o estado atual do trabalho, facilitando a comunicação, identificação de bloqueios e priorização de tarefas.

10. Colaboração e Comunicação no Crystal: encoraja a comunicação aberta e o trabalho em equipe, adaptando as práticas de desenvolvimento às necessidades humanas e ao contexto do projeto.

11. Personalização no Crystal: adapta as práticas e processos de desenvolvimento conforme a complexidade e os requisitos específicos do projeto, visando eficiência e eficácia.

12. Função do Quadro Kanban: visualizar o fluxo de trabalho, desde a concepção até a entrega, ajudando na organização, priorização e identificação de gargalos no processo.

13. Propriedade Coletiva do Código: encoraja todos na equipe a contribuir para e melhorar qualquer parte do código, aumentando a qualidade e a flexibilidade do *software*.

14. Otimização com *Lean* e Kanban: combinam para melhorar a visibilidade do processo de desenvolvimento, promovendo eficiência por meio da identificação e eliminação de desperdícios.

15. Adaptabilidade no Crystal: permite ajustes flexíveis no processo de desenvolvimento para atender melhor às necessidades do projeto, promovendo uma entrega mais eficaz.

16. Eficiência Operacional: princípios *Lean* aplicados ao desenvolvimento de *software* melhoram a eficiência operacional ao reduzir desperdícios e otimizar recursos.

17. Impacto no Gerenciamento de Projetos: *Lean* melhora a satisfação do cliente e a eficiência do projeto ao focar na entrega de valor e na eliminação de atividades que não agregam valor.

18. Identificação de Gargalos: *Lean* e Kanban ajudam a reconhecer e resolver gargalos no processo de desenvolvimento, facilitando um fluxo de trabalho mais suave e eficiente.

19. Automação (Jidoka): automação inteligente que enfatiza a qualidade, parando a produção quando defeitos são detectados, aplicável no desenvolvimento para garantir a entrega de *software* de alta qualidade.

20. Entrega Rápida e Eficiente: a mentalidade *Lean* e Kanban promove a entrega rápida e eficiente de *software*, alinhando o desenvolvimento às necessidades reais do cliente e reduzindo o tempo de ciclo.

Gabarito dos Exercícios de Múltipla Escolha do Capítulo 5:

1. B	2. C	3. B	4. B	5. B
6. A	7. C	8. A	9. C	10. A
11. B	12. B	13. B	14. B	15. C
16. B	17. B	18. B	19. B	20. C

Gabarito dos Exercícios Dissertativos do Capítulo 6:

1. **DevOps Ágil:** combina práticas ágeis com a cultura DevOps para melhorar a colaboração entre as equipes de desenvolvimento e operações, visando entregas mais rápidas e de maior qualidade.

2. *Agile Unified Process* **(AUP):** é uma versão simplificada do Rational Unified Process (RUP), focada em práticas ágeis, com o objetivo de fornecer um guia de desenvolvimento de *software* mais flexível e adaptável.

3. **Melhoria na Colaboração:** por meio da automação de processos, compartilhamento de ferramentas e práticas de comunicação constante, facilitando um ambiente de trabalho integrado e eficiente.

4. **Benefícios da Integração Contínua:** incluem a detecção precoce de erros, redução de conflitos de integração e entrega mais rápida de funcionalidades.

5. **Entrega Contínua no AUP:** refere-se à capacidade de liberar novas versões de *software* de forma confiável e a qualquer momento, garantindo que o *software* esteja sempre em estado de lançamento.

6. **Monitoramento Contínuo:** envolve a observação constante do sistema em produção para identificar e resolver problemas rapidamente, melhorando a confiabilidade e a performance.

7. **Automação de Testes no AUP:** fundamental para garantir a qualidade do *software* ao automatizar a execução de testes, permitindo que as equipes se concentrem em tarefas de maior valor.

8. *Feedback* **Contínuo no DevOps Ágil:** obtido por meio de práticas como integração contínua, entrega contínua e monitoramento contínuo, permitindo melhorias constantes.

9. **Cultura de Aprendizado Contínuo:** encoraja experimentar e aprender a partir de falhas, promovendo a inovação e a melhoria contínua.

10. **Gestão de Configuração:** assegura que todos os aspectos do *software* sejam gerenciados de forma a permitir a reprodução e correção de versões específicas.

11. **Práticas de Segurança:** incluem a integração de testes de segurança desde o início do desenvolvimento, promovendo a criação de *software* mais seguro.

12. **Infraestrutura como Código:** prática que trata a configuração da infraestrutura de forma automatizada e gerenciável, similar ao código do *software*, aumentando a eficiência operacional.

13. **Adaptação e Flexibilidade:** o AUP permite ajustes nas práticas de desenvolvimento conforme as necessidades do projeto, promovendo uma abordagem mais responsiva.

14. **Impacto no DevOps Ágil:** aumenta significativamente a capacidade das organizações de entregar um *software* de alta qualidade rapidamente, respondendo efetivamente às necessidades dos clientes.

15. **Práticas Sustentáveis:** refere-se à adoção de práticas que garantem a longevidade e a manutenibilidade do *software*, além de promover o bem-estar da equipe.

16. **Comunicação e Colaboração:** são fundamentais no DevOps Ágil, promovendo um ambiente no qual a partilha de conhecimento e o trabalho em equipe são valorizados.

17. **Gerenciamento de Lançamentos:** envolve planejamento, coordenação e supervisão das atividades de lançamento para garantir que as versões sejam entregues de forma eficaz.

18. **Gestão de Falhas e Recuperação de Desastres:** o DevOps Ágil enfatiza a importância de sistemas resilientes e a rápida recuperação de falhas para minimizar o impacto nos usuários.

19. **Simplicidade no AUP:** promove a criação de soluções simples e diretas, evitando a complexidade desnecessária e concentrando-se no que é essencial para atender às necessidades do cliente.

20. **Entrega de Valor Contínuo:** por meio da integração e entrega contínuas, juntamente com *feedback* contínuo e adaptação às mudanças, maximizando o valor para o cliente ao longo do tempo.

Gabarito dos Exercícios de Múltipla Escolha do Capítulo 6:

1. B	2. B	3. B	4. B	5. B
6. D	7. C	8. B	9. B	10. C
11. B	12. C	13. B	14. C	15. B
16. C	17. B	18. C	19. C	20. B

Gabarito dos Exercícios Dissertativos do Capítulo 7:

1. O FDD foca no desenvolvimento orientado por recursos específicos, enquanto DSDM é uma abordagem ágil mais holística que integra requisitos e desenvolvimento com foco na entrega contínua.

2. Planejamento adaptativo permite ajustar planos à medida que novas informações surgem, promovendo flexibilidade e resposta rápida às mudanças.

3. FDD enfatiza a qualidade por meio de inspeções regulares de código e revisões de *design* para prevenir defeitos.

4. No DSDM, *sprint*s ou iterações são períodos fixos durante os quais um conjunto de trabalho é completado e revisado, facilitando entregas frequentes.

5. Os benefícios do FDD em projetos grandes incluem clareza de objetivos, modularidade do desenvolvimento e foco em progresso visível.

6. O DSDM assegura a entrega contínua de valor por meio de *sprint*s curtos, *feedback* regular e revisões iterativas do produto.

7. O FDD promove a construção de equipes multidisciplinares com papéis bem definidos e responsabilidades claras para eficiência.

8. Priorização baseada no negócio no DSDM envolve classificar funcionalidades com base em seu valor e impacto no negócio.

9. O FDD facilita a colaboração por meio de reuniões frequentes de planejamento e demonstrações de progresso ao cliente.

10. O DSDM integra testes desde o início, todos contínuos ao longo do projeto para garantir qualidade e conformidade.

11. Revisões regulares no FDD permitem ajustes baseados em *feedback*, garantindo alinhamento com os objetivos do projeto.

12. O DSDM trata mudanças de requisitos como parte natural do projeto, incorporando-as por meio de planejamento iterativo e flexível.

13. FDD usa modelagem e planejamento detalhados para gerenciar complexidade, focando na entrega de funcionalidades específicas.

14. Práticas recomendadas no DSDM incluem reuniões diárias, quadros de progresso visíveis e revisões iterativas para monitoramento eficaz.

15. O FDD promove transparência por meio da documentação clara de recursos e progresso visível para todas as partes interessadas.

16. O DSDM gerencia riscos avaliando potenciais problemas desde o início e incorporando soluções ao longo do projeto.

17. O FDD melhora a previsibilidade por meio de estimativas baseadas em experiências passadas e revisões constantes do progresso.

18. O DSDM facilita adaptações por meio de sua estrutura iterativa, permitindo mudanças baseadas em *feedback* ou novas necessidades.

19. O envolvimento do cliente no FDD é crucial para definir requisitos claros e validação contínua das funcionalidades entregues.

20. O DSDM prioriza funcionalidades com base em análise de valor de negócio, focando recursos nas áreas de maior impacto.

Gabarito dos Exercícios Múltipla Escolha do Capítulo 7:

1. B	2. B	3. C	4. C	5. B
6. C	7. C	8. C	9. C	10. C
11. B	12. B	13. B	14. B	15. C
16. B	17. C	18. B	19. B	20. C

Gabarito das Questões Dissertativas do Capítulo 8

1. O *Design Thinking* complementa as metodologias ágeis ao focar na compreensão profunda das necessidades dos usuários e na criação de soluções inovadoras, promovendo uma abordagem mais centrada no usuário e iterativa para o desenvolvimento de *software*.

2. Os fundamentos do *Design Thinking* incluem a empatia, a definição do problema, a ideação, a prototipação e os testes. Esses fundamentos são importantes no processo criativo, pois permitem uma abordagem estruturada para resolver problemas complexos e inovar de maneira centrada no ser humano.

3. O *Design Thinking* pode ser aplicado para melhorar a experiência do usuário em projetos ágeis ao incorporar *feedback* constante dos usuários, prototipação rápida e testes iterativos, garantindo que o produto final atenda às necessidades reais dos usuários.

4. A abordagem centrada no ser humano do *Design Thinking* envolve colocar as necessidades, desejos e limitações dos usuários no centro do processo de *design*, garantindo que as soluções sejam relevantes e úteis para as pessoas para quem são destinadas.

5. A integração do *Design Thinking* com o ágil pode acelerar a inovação ao combinar a abordagem iterativa e flexível do ágil com a ênfase na empatia e na resolução de problemas da metodologia, permitindo a rápida adaptação e experimentação.

6. O *Design Thinking* ajuda no desenvolvimento de produtos mais alinhados às necessidades reais dos usuários ao envolver os usuários no processo de *design*, utilizando protótipos e *feedback* constante para iterar e melhorar as soluções de maneira contínua.

7. O processo iterativo do *Design Thinking* se alinha com os princípios ágeis ao promover ciclos contínuos de prototipagem, testes e melhorias, permitindo a adaptação rápida e a entrega incremental de valor.

8. A empatia no *Design Thinking* dentro de um contexto ágil desempenha um papel crucial ao ajudar as equipes a entenderem profundamente os usuários e suas necessidades, orientando o desenvolvimento de soluções mais eficazes e centradas no usuário.

9. Um exemplo de processo em que o *Design Thinking* foi fundamental para resolver um problema complexo em um projeto ágil pode incluir a criação de um novo produto digital, no qual as equipes utilizaram a empatia para entender os usuários, protótipos para testar hipóteses e *feedback* para iterar e refinar a solução.

10. A prototipação rápida no *Design Thinking* beneficia equipes ágeis ao permitir que ideias sejam testadas e validadas rapidamente, reduzindo o risco de falhas e acelerando o ciclo de desenvolvimento com base em *feedback* real.

11. O *feedback* dos usuários é incorporado no processo de *Design Thinking* em projetos ágeis através de testes constantes de protótipos, entrevistas e observações, permitindo ajustes rápidos e garantindo que o produto evolua de acordo com as necessidades dos usuários.

12. A colaboração multidisciplinar no *Design Thinking* aplicado ao ágil é importante porque traz diversas perspectivas e habilidades para o processo de *design*, promovendo soluções mais criativas e abrangentes.

13. O *Design Thinking* incentiva a experimentação e a aceitação do fracasso como parte do processo de aprendizado em ambientes ágeis ao criar um ambiente seguro para testar novas ideias, aprender com os erros e iterar rapidamente para encontrar soluções eficazes.

14. O *Design Thinking* pode ajudar a definir o escopo do produto em projetos ágeis ao clarificar as necessidades dos usuários e os problemas a serem resolvidos, proporcionando uma visão clara e centrada no usuário para guiar o desenvolvimento.

15. O *Design Thinking* influencia a tomada de decisões em equipes ágeis ao basear essas decisões em uma compreensão profunda dos usuários e suas necessidades, utilizando protótipos e *feedback* para validar suposições e orientar o desenvolvimento.

16. O impacto do *Design Thinking* na satisfação do cliente em projetos ágeis é significativo, pois garante que o produto final atenda efetivamente às necessidades dos usuários, resultando em maior aceitação e satisfação do cliente.

17. O *Design Thinking* facilita a adaptação rápida a mudanças no desenvolvimento ágil de produtos ao promover uma abordagem iterativa e flexível, permitindo ajustes rápidos com base em *feedback* contínuo e necessidades emergentes.

18. A visualização de ideias no processo de *Design Thinking* em um ambiente ágil é importante porque torna conceitos abstratos tangíveis, facilita a comunicação e colaboração entre as equipes e ajuda a identificar problemas e oportunidades de melhoria rapidamente.

19. Os desafios de integrar o *Design Thinking* em equipes ágeis já estabelecidas podem incluir resistência à mudança, falta de compreensão do processo de da metodologia e dificuldades em alinhar práticas ágeis e de *design*, exigindo um esforço consciente para fomentar uma cultura de colaboração e experimentação.

20. A abordagem do *Design Thinking* pode ser utilizada para melhorar a comunicação interna e externa em projetos ágeis ao promover uma compreensão compartilhada dos problemas dos usuários, criar protótipos visuais para facilitar discussões e envolver *stakeholders* de maneira colaborativa ao longo do processo de desenvolvimento.

Gabarito dos Exercícios Múltipla Escolha do Capítulo 8:

1. C	2. C	3. B	4. C	5. B
6. D	7. B	8. C	9. C	10. C
11. B	12. B	13. B	14. C	15. C
16. B	17. B	18. B	19. B	20. C

Gabarito dos Exercícios Dissertativos do Capítulo 9:

1. Melhora a modularidade e a clareza do código, incentivando a escrita de código testável.

2. Garante que o *software* atenda às necessidades e expectativas reais dos usuários.

3. Permite a identificação de falhas complexas e cenários imprevistos, aumentando a cobertura de testes.

4. Favorece a colaboração e o aproveitamento das habilidades complementares, melhorando a qualidade do código.

5. Aumenta a eficiência do desenvolvimento ao identificar e corrigir falhas rapidamente.

6. Influencia ajustes no *design* e funcionalidades, assegurando alinhamento com as expectativas do usuário.

7. Oferece uma abordagem mais flexível e abrangente para encontrar erros, melhorando a qualidade do *software*.

8. Proporciona uma revisão de código em tempo real, permitindo correções imediatas.

9. Encoraja a criação de um *software* robusto e testável desde o início, reduzindo erros futuros.

10. Possibilita ajustes e melhorias contínuas, garantindo a entrega de funcionalidades valiosas.

11. Os testes funcionam como documentação atualizada do comportamento do *software*.

12. Leva ao desenvolvimento de um *design* de *software* mais limpo e eficiente.

13. Facilita a incorporação de alterações sem comprometer a qualidade do *software*.

14. Os testes são continuamente aprimorados, assegurando que o *software* evolua para atender às necessidades dos usuários.

15. Estabelece um ciclo de melhoria contínua, identificando áreas de aperfeiçoamento.

16. Cria um foco proativo na qualidade, reduzindo erros e retrabalho.

17. Os produtos desenvolvidos são mais alinhados às expectativas dos usuários, aumentando a satisfação.

18. Contribui para uma entrega mais rápida de funcionalidades, reduzindo o tempo até o lançamento.

19. Apoia a experimentação e o aprendizado rápido, essenciais para o desenvolvimento ágil.

20. Diminui a probabilidade e o impacto de falhas, melhorando a gestão de projetos.

Gabarito dos Exercícios de Múltipla Escolha do Capítulo 9:

1. B	2. D	3. C	4. C	5. C
6. C	7. B	8. C	9. C	10. B
11. B	12. C	13. B	14. C	15. B
16. B	17. B	18. C	19. B	20. B

Gabarito dos Exercícios Dissertativos do Capítulo 10:

1. Uma cultura que promove aprendizagem, colaboração e adaptação é fundamental para superar resistências internas e acelerar a implementação efetiva de práticas ágeis, pavimentando o caminho para melhorias contínuas e inovação.

2. Estruturas flexíveis permitem que as equipes se adaptem rapidamente às mudanças, facilitando a comunicação e colaboração transversal, o que é essencial para identificar e implementar inovações rapidamente.

3. Líderes adaptativos atuam como facilitadores, criando um ambiente que encoraja a experimentação e aprendizado, essenciais para a adaptação e superação de desafios durante a transformação ágil.

4. O foco no cliente assegura que os produtos e serviços estejam alinhados às necessidades e expectativas do mercado, aumentando a relevância e o valor entregue aos consumidores.

5. Os desafios incluem resistência à mudança, adaptação de processos existentes e a necessidade de uma mudança cultural profunda para abraçar os princípios ágeis.

6. As reuniões diárias incentivam a transparência e permitem a identificação e resolução rápida de impedimentos, mantendo todos na equipe alinhados e focados nas metas diárias.

7. As revisões de iteração oferecem uma oportunidade para validação contínua do produto com os *stakeholders*, garantindo que o desenvolvimento esteja alinhado com as expectativas dos usuários.

8. As retrospectivas permitem que a equipe reflita sobre suas práticas e identifique ações para melhorar a eficiência e a eficácia, fomentando um ciclo de melhoria contínua.

9. Ferramentas de gestão de projetos facilitam a visualização do progresso, priorização de tarefas e identificação de gargalos, essenciais para o gerenciamento eficiente em ambientes ágeis.

10. Práticas de CI/CD automatizam o teste e a entrega de *software*, permitindo lançamentos mais rápidos e com menos erros, essencial para manter a competitividade e a qualidade em desenvolvimento ágil.

11. A autonomia das equipes aumenta a motivação e o engajamento, permitindo tomadas de decisão rápidas e eficientes que aceleram a entrega de valor e inovação.

12. A comunicação efetiva assegura que as expectativas dos *stakeholders* estejam alinhadas com os objetivos do projeto, facilitando a colaboração e a entrega de soluções que atendam às necessidades do mercado.

13. Priorizar tarefas baseadas em valor assegura que os esforços da equipe estejam focados nas atividades que mais contribuem para os objetivos de negócios, otimizando recursos e maximizando resultados.

14. A capacidade de se adaptar rapidamente às mudanças permite que a empresa responda às tendências do mercado e às necessidades dos clientes de forma mais ágil, mantendo-se competitiva.

15. Os valores ágeis promovem um ambiente de trabalho baseado na confiança e colaboração, essenciais para a inovação e para superar desafios durante a transformação ágil.

16. O *feedback* contínuo é incorporado por meio de iterações regulares e revisões de produto, permitindo ajustes constantes que refinam o produto conforme as necessidades dos usuários.

17. Métricas ágeis fornecem *insights* claros sobre o progresso do projeto, ajudando a equipe a ajustar o ritmo de trabalho e priorizar tarefas para atingir os objetivos dentro do prazo.

18. A transformação ágil promove uma abordagem descentralizada da tomada de decisão, capacitando as equipes a responderem rapidamente a desafios e oportunidades.

19. Equipes multidisciplinares combinam diferentes habilidades e perspectivas, aumentando a capacidade de inovação e a eficiência na solução de problemas complexos.

20. Kaizen, ou melhoria contínua, envolve a busca constante por aperfeiçoamentos nos processos e práticas, essencial para o crescimento sustentável e a excelência operacional em ambientes ágeis.

Gabarito para os Exercícios de Múltipla Escolha do Capítulo 10:

1. B	2. C	3. C	4. C	5. B
6. C	7. C	8. B	9. C	10. C
11. C	12. B	13. C	14. C	15. B
16. C	17. B	18. B	19. C	20. C

Gabarito dos Exercícios Dissertativo do Capítulo 11:

1. A Inteligência Artificial pode automatizar tarefas repetitivas, oferecer *insights* para a tomada de decisões e melhorar a precisão das estimativas de projeto, elevando a eficiência dos processos ágeis.

2. A IoT exige uma abordagem ágil para o desenvolvimento devido à sua natureza dinâmica e à necessidade de rápida adaptação, promovendo a integração e a entrega contínua para dispositivos conectados.

3. A automação de testes em metodologias ágeis está se tornando mais sofisticada com o uso de IA para identificar áreas críticas de teste, melhorando a cobertura de testes e a qualidade do *software*.

4. O DevSecOps integra práticas de segurança desde o início do ciclo de desenvolvimento ágil, assegurando que as considerações de segurança sejam uma parte contínua e integral do desenvolvimento de *software*.

5. O *Machine Learning* pode prever tendências, otimizar processos e personalizar a experiência do usuário, facilitando a priorização de tarefas e a alocação de recursos em projetos ágeis.

6. A computação em nuvem oferece escalabilidade e flexibilidade, suportando ambientes de desenvolvimento e teste ágeis, além de facilitar a colaboração em equipe e a entrega contínua de *software*.

7. Realidade aumentada e virtual podem ser usadas para criar simulações interativas e imersivas, melhorando a colaboração, o planejamento e a demonstração de produtos em ambientes ágeis.

8. A agilidade empresarial permite que as organizações respondam rapidamente às mudanças no mercado, adotando práticas ágeis para inovar e entregar valor de forma mais eficaz.
9. O trabalho remoto e distribuído é facilitado por ferramentas de colaboração online, permitindo que equipes ágeis mantenham a produtividade e a comunicação eficaz independentemente da localização.
10. Práticas ágeis podem ser escaladas em grandes organizações por meio de *framework*s como SAFe, que coordenam o trabalho de múltiplas equipes ágeis para entregar projetos complexos.
11. Agile at Scale envolve adaptar e aplicar práticas ágeis em toda a organização, superando desafios de coordenação e comunicação para manter a agilidade em projetos de grande escala.
12. A análise de dados ajuda equipes ágeis a compreender melhor o comportamento do usuário, a performance do sistema e a eficácia das práticas ágeis, informando decisões baseadas em dados.
13. *Framework*s ágeis híbridos combinam elementos de várias metodologias ágeis para atender às necessidades específicas do projeto, oferecendo flexibilidade e adaptabilidade.
14. A sustentabilidade pode ser incorporada ao focar em eficiência energética, minimização de resíduos e consideração de impactos ambientais no desenvolvimento e operação de *software*.
15. Tecnologias emergentes como blockchain podem oferecer novas oportunidades para segurança, transparência

e descentralização em projetos ágeis, desafiando equipes a inovar.

16. A personalização em massa é alcançada por meio de práticas ágeis que permitem rápidas iterações e *feedback* do usuário, adaptando produtos para atender às necessidades individuais em grande escala.

17. O *feedback* contínuo dos usuários é integrado por meio de iterações regulares, revisões e testes, garantindo que o desenvolvimento seja orientado pelo usuário e alinhado com suas expectativas.

18. Técnicas de visualização de dados auxiliam na gestão de projetos ágeis ao oferecer representações claras do progresso, desempenho e áreas que necessitam de atenção, facilitando a tomada de decisões informadas.

19. A inteligência emocional é vital para gerenciar equipes ágeis, pois facilita a comunicação, o gerenciamento de conflitos e a construção de um ambiente de trabalho positivo e colaborativo.

20. A integração e entrega contínua (CI/CD) estão se tornando mais avançadas com automações que abrangem desde o desenvolvimento até a operação, suportando ciclos de vida de desenvolvimento ágil mais complexos e rápidos.

Gabarito dos Exercícios de Multipla Escolha do Capítulo 11:

1. C	2. C	3. C	4. A	5. C
6. C	7. B	8. B	9. C	10. B
11. B	12. B	13. B	14. B	15. B
16. B	17. B	18. B	19. B	20. C

REFERÊNCIAS

AMBLER, S. W. *The Elements of UML 2.0 Style*. Cambridge University Press; Illustrated edition. 2005.

ANDERSON, D. J; REINERTSEN, D. G. *Kanban*: Successful Evolutionary Change for Your Technology Business. Blue Hole Press; Blue Book ed. Edition. 2010.

BECK, K. *Test-Driven Development*: By Example. Addison-Wesley Professional. 2003.

BECK, K.; ANDRES, C. *Extreme Programming Explained*: Embrace Change. 2ª ed. Addison-Wesley Professional. 2004.

BECK, K. et al. *Manifesto for Agile Software Development*. Agile Alliance. 2001. Disponível em: https://agilemanifesto.org/. Acesso em: 23 jun. 2024.

BROWN, Tim. *Design Thinking*. Harvard Business Review. Jun. 2008.

COCKBURN, A.; BECKER, A. P.; FULLER, J. *Crystal Clear*: A Human-Powered Methodology for Small Teams. Addison-Wesley Professional. 2004.

COCKBURN, A.; HIGHSMITH, J. *Agile Software Development*: The People Factor. IEEE Computer, 34(11), 2001. 131-133. Disponível em: https://www.researchgate.net/publication/2955526_Agile_software_development_The_people_factor. Acesso em: 23 jun. 2024.

COHN, M. *Agile Estimating and Planning*. 1 Edition. Pearson, 2005.

CRISPIN, Lisa; GREGORY, Janet. *Agile Testing*: A Practical Guide for Testers and Agile Teams. Addison-Wesley Professional, 2009.

DENNING, S. *The age of agile*: How smart companies are transforming the way work gets done. Amacom, 2018.

DIKERT, K.; PAASIVAARA, M.; LASSENIUS, C. *Challenges and success factors for large-scale agile transformations*: A systematic literature review. V. 119. Journal of Systems and *Software*, 2006. p. 87-108.

DUVALL, Paul M.; MATYAS, Steve; GLOVER, Andrew. *Continuous Integration: Improving Software Quality and Reducing Risk*. 1st Edition. Addison-Wesley Professional, 2007.

FORSGREN, N.; HUMBLE, J.; KIM, G. *Accelerate*: The Science of Lean Software and DevOps: Building and Scaling High Performing Technology Organizations. 1st Edition. IT Revolution Press, 2018.

FOWLER, Martin. *Refactoring*: Improving the *Design* of Existing Code. Addison-Wesley Professional, 1999.

FOWLER, Martin. *Integração Contínua*. 2006. Disponível em: https://martinfowler.com/articles/continuousIntegration.html. Acesso em: 23 jun. 2024.

GOTHELF, Jeff; SEIDEN, Josh. *Lean UX*: Applying *Lean* Principles to Improve User Experience. 1st Edition. O'Reilly Media, 2013.

HIGHSMITH, J. A. *Agile Software Development Ecosystems*. 1st Edition. Addison-Wesley Professional, 2002.

HIGHSMITH, J. A. *Agile Project Management*: Creating Innovative Products. 2 Edition. Addison-Wesley Professional, 2009.

HUMBLE, J.; FARLEY, D. *Continuous Delivery*: Reliable Software Releases through Build, Test, and Deployment Automation. 1st Edition. Addison-Wesley Professional. 2010.

JEFFRIES, R.; ANDERSON, A.; HENDRICKSON, C. *Extreme Programming Installed*. Addison-Wesley Professional, 2000.

KIM, G.; BEHR, K.; SPAFFORD, G. *The Phoenix Project*: A Novel about IT, DevOps, and Helping Your Business Win. IT Revolution Press, 2016.

KNIBERG, Henrik. *Spotify Engineering Culture (part 1)*. 2014. Disponível em: https://blog.crisp.se/2014/03/27/henrikkniberg/spotify-engineering-culture-part-1. Acesso em: 24 jun. 2024.

KNIBERG, H.; IVARSSON, A. *Scaling Agile @ Spotify with Tribes, Squads, Chapters & Guilds*. 2012. Disponível em: https://blog.crisp.se/wp-content/uploads/2012/11/SpotifyScaling.pdf. Acesso em: 24 jun. 2024.

KOLKO, Jon. *Design Thinking Comes of Age*. Harvard Business Revie. Set. 2015, p. 66-71.

KOTTER, John P. *Leading Change*. Boston, MA: Harvard Business School Press, 1996.

LIEDTKA, Jeanne. *Perspective*: Linking *Design Thinking* with Innovation Outcomes through Cognitive Bias Reduction. Journal of *Product* Innovation Management. v. 32, nº 6, 2015. p. 925-938.

LOUKIDES, Mike. *What is DevOps*? O'Reilly Media. 2012.

MIDDLETON, P.; SUTTON, J. *Lean Software Strategies*: Proven Techniques for Managers and Developers. New York: *Product*ivity Press, 2005.

PALMER, S. R.; FELSING, J. M. *A Practical Guide to Feature-Driven Development*. Prentice Hall, 2002.

POPPENDIECK, M.; POPPENDIECK, T. *Lean Software Development*: An Agile Toolkit. 1 Edition. Addison-Wesley Professional, 2003.

REINERTSEN, D. *The Principles of Product Development Flow*: Second Generation *Lean Product Development*. Celeritas Publishing, 2009.

RIGBY, D. K.; SUTHERLAND, J.; TAKEUCHI, H. *Embracing Agile*. Harvard Business Review, 2016. 94(5), p. 40-50.

SCHEIN, Edgar H. *Cultura Organizacional e Liderança*. São Francisco: Jossey-Bass, 2010.

SCHWABER, Ken; SUTHERLAND, Meet Jeff. *The Scrum Guide*. 2020. Disponível em: https://scrumguides.org. Acesso em: 24 jun. 2024.

SCHWABER, Ken; BEEDLE, Mike. *Agile Software Development with Scrum*. Prentice Hall, 2002.

SOMMERVILLE, Ian. *Software Engineering*. 9th ed. Addison-Wesley. 2011.

STAPLETON, J. *DSDM*: Dynamic Systems *Development* Method. Addison-Wesley Professional, 1997.

WHITTAKER, James A. *Exploratory Software Testing*: Tips, Tricks, Tours, and Techniques to Guide Test *Design*. Pearson Education, 2009.

WILLIAMS, L.; KESSLER, R. *Pair Programming Illuminated*. Addison-Wesley Professional, 2002.

WOMACK, James P.; JONES, Daniel T.; ROOS, Daniel. *The Machine That Changed the World*. Rawson Associates, 1990.